中公新書 2498

星　亮一著

斗南藩

――「朝敵」会津藩士たちの苦難と再起

中央公論新社刊

はじめに

斗南藩《となみ》とは戊辰《ぼしん》戦争後、朝敵の汚名をこうむった会津藩《あいづ》の人々が、現在の青森県の下北《しもきた》半島を中心とする旧南部藩《なんぶ》の地に流罪として移住し、作り上げた藩の名前である。しかし廃藩置県で、すぐに弘前県《ひろさき》（のちに青森県）に合併されたので、斗南藩はわずかに一年半しか存在せず、知名度は低かった。

斗南での生活は人並みの暮らしからは、ほど遠いものだった。老人や子どもは飢えと病《やまい》でバタバタと命を失い、日々の暮らしは監獄と同じだった。

中公新書に『ある明治人の記録――会津人柴五郎《しばごろう》の遺書』がある。会津戦争のとき十歳だった五郎は、戦争で祖母、母、姉妹を失い、父と兄嫁と一緒に斗南藩に移住する。

藩政府より一日大人玄米三合、小児二合と銭二百文を支給され、これで衣食住のいっさいを弁ずるほかなしという暮らしだった。借家を借りる金もなく、多くの人は原野に三、四坪の草葺《くさぶき》の掘っ立て小屋を建て、開墾《かいこん》を始めたのだった。

五郎の家は「建具あれど畳なく、障子あれど貼《は》るべき紙なし」という状態だった。布団もなく米俵にもぐって寝る極貧の暮らしだった。

会津人を救ったのは、皮肉にも廃藩置県だった。藩が消滅し、移住の自由が認められた斗南の会津人は、郷里の会津若松《あいづわかまつ》に戻ったのをはじめ、東京、北海道などに新天地を求めて移住し、東大総長山川健次郎《やまかわけんじろう》、イギリス大使林権助《はやしごんすけ》、陸軍大臣畑俊六《はたしゅんろく》、大物フィクサーとして活躍した田中清玄《たなかせいげん》ら多彩な人材を生んだ。

斗南に残らざるをえなかった人々は、小学校の校長や町や村に役場が誕生したことで郡長、町村長に抜擢《ばってき》され、はじめて人並みの生活ができるようになり、青森県の発展に尽力した。自力で、わが国最初の洋式牧場を開いた広沢安任《ひろさわやすとう》のような人物も生んだ。

もともと幕末の会津藩は、薩摩《さつま》藩、長州《ちょうしゅう》藩と並ぶ雄藩だった。徳川家康《とくがわいえやす》の孫、三代将軍家光《いえみつ》の実弟保科正之《ほしなまさゆき》を藩祖にもつ幕府親藩の家柄で、幕末には主君松平容保《まつだいらかたもり》が京都守護職に就任、討幕を掲げた長州藩と激しく争った。

長州勢が御所に攻め入った禁門《きんもん》の変では、会津が長州勢を撃退したことで孝明《こうめい》天皇から厚い信頼を受け、一世を風靡《ふうび》した。薩摩藩とは一時期、同盟関係にあったが、坂本龍馬《さかもとりょうま》の仲介で薩長同盟が結成されたため、敵対関係に陥った。会津を信頼した孝明天皇が突然、この世を去ると、明治天皇を戴《いただ》いた薩長が幕府・会津を京都から撤退させ、鳥羽伏見《とばふしみ》の戦争に勝利、錦旗《きんき》を掲げて、江戸に押し寄せた。

勝海舟《かつかいしゅう》と西郷隆盛《さいごうたかもり》の会談で江戸は無血開城となり、戦火は東北、越後《えちご》に広がった。このとき立ちあがったのが、仙台藩と米沢《よねざわ》藩だった。

会津に非はなし、と両藩が仲介に乗り出し、薩長に和議を求めたが、長州藩参謀世良修《せらしゅう》蔵《ぞう》がこれを蹴《け》り、東北、越後の奥羽越《おううえつ》列藩同盟軍と薩長主導の新政府軍との激しい戦いとなった。

松平容保は徳川慶喜《よしのぶ》にならい謝罪嘆願の書を出すこと二十通以上に及んだが、途中阻まれ、新政府軍の大総督府に届いたのは、わずかに一通だったといわれている。

松平容保（国立国会図書館蔵）

あくまでも武力で会津を討つとした大総督府は仙台藩主伊達慶邦《だてよしくに》、米沢藩主上杉斉憲《うえすぎなりのり》、南部藩主南部利剛《としひさ》、秋田藩主佐竹義堯《さたけよしたか》らに会津追討令を発し、会津攻撃を命じた。

奥羽諸藩はこの命令に激しく反発した。

仙台藩主、米沢藩主は、白石《しろいし》に奥羽諸藩の代表を集め、最終的に奥羽越諸藩三十四藩による列藩同盟が結成され、会津攻撃を頑として叫ぶ長州藩参謀世良修蔵を抹殺、薩長の新政府軍と戦闘に入った。しかし秋田藩、新発田《しばた》藩、三春《みはる》藩などが同盟を離脱、仙台藩も最終的に和議に傾き、会津藩は孤立無援となった。会津一藩で一ヵ月に及ぶ籠城戦《ろうじょうせん》を展開、天下にその勇武を示したが、弾薬、食糧も尽き、無念の涙を呑《の》んで降伏した。

会津藩士一同は朝敵として処罰され、上越高田《じょうえつたかだ》（現新潟県上越市）や東京の寺院などに分散収容されていたが、明治二年（一八六九）十一月、お家再興がなり、旧南部藩の地である下北半島を中心とする金田一《きんたいち》（現岩手県二戸《にのへ》市）以北の、三戸《さんのへ》（現青森県三戸郡三戸町）、五戸《ごのへ》（現三戸郡五戸町）と、野辺地《のへじ》（現上北《かみきた》郡野辺地町）、田名部《たなぶ》（現むつ市）の三万石と、北海道の後志《しりべし》国瀬棚《せたな》（現久遠《くどう》郡せたな町、瀬棚郡今金町《いまかねちょう》）、太櫓《ふとろ》（現せたな町）、歌棄《うたすつ》（現寿都《すっつ》郡寿都町、黒松内町《くろまつないちょう》）の三郡と胆振《いぶり》国の山越《やまこし》郡の支配を命ぜられ、斗南藩として再興した。だが比較的豊かな七戸《しちのへ》藩、八戸《はちのへ》藩の領土は除かれ、野辺地や田名部を除けば、いずこも凍餒蛮《とうたいばん》野《や》の不毛の地だった。斗南の領地は稗《ひえ》を主とする雑穀しかとれなかった。これは明治政府に刃向かえば、こうするという見せしめの処分だった。

　この本は、明治維新という栄光の陰で新政府に朝敵の汚名を着せられ、屈辱の日々を強いられ、歯を食いしばって生き抜いた多くの会津人の魂の叫びである。

目次

大間
蛇浦
易国間
津軽海峡
奥戸
下風呂
佐井
大滝山
大畑
岩屋
荒沢山
野牛
尻屋
大利
尻労
斗南藩領
田名部
目名
恐山
猿ケ森
蒲野沢
平舘海峡
(大湊)安渡
牛滝
大平
田屋
砂子又
釜臥山
安渡湾
(大湊湾)
小田野沢
太平洋
小沢
川内
中野沢
白糠
九艘泊
脇野沢
横浜
陸奥湾
野辺地湾
鷹架沼
野辺地
青森
小川原湖
谷地頭
七戸藩領
岡三沢
七戸
古間木
三本木
五戸川
八戸
中市
五戸
十和田湖
斗南藩領
八戸藩領
三戸
田子
金田一

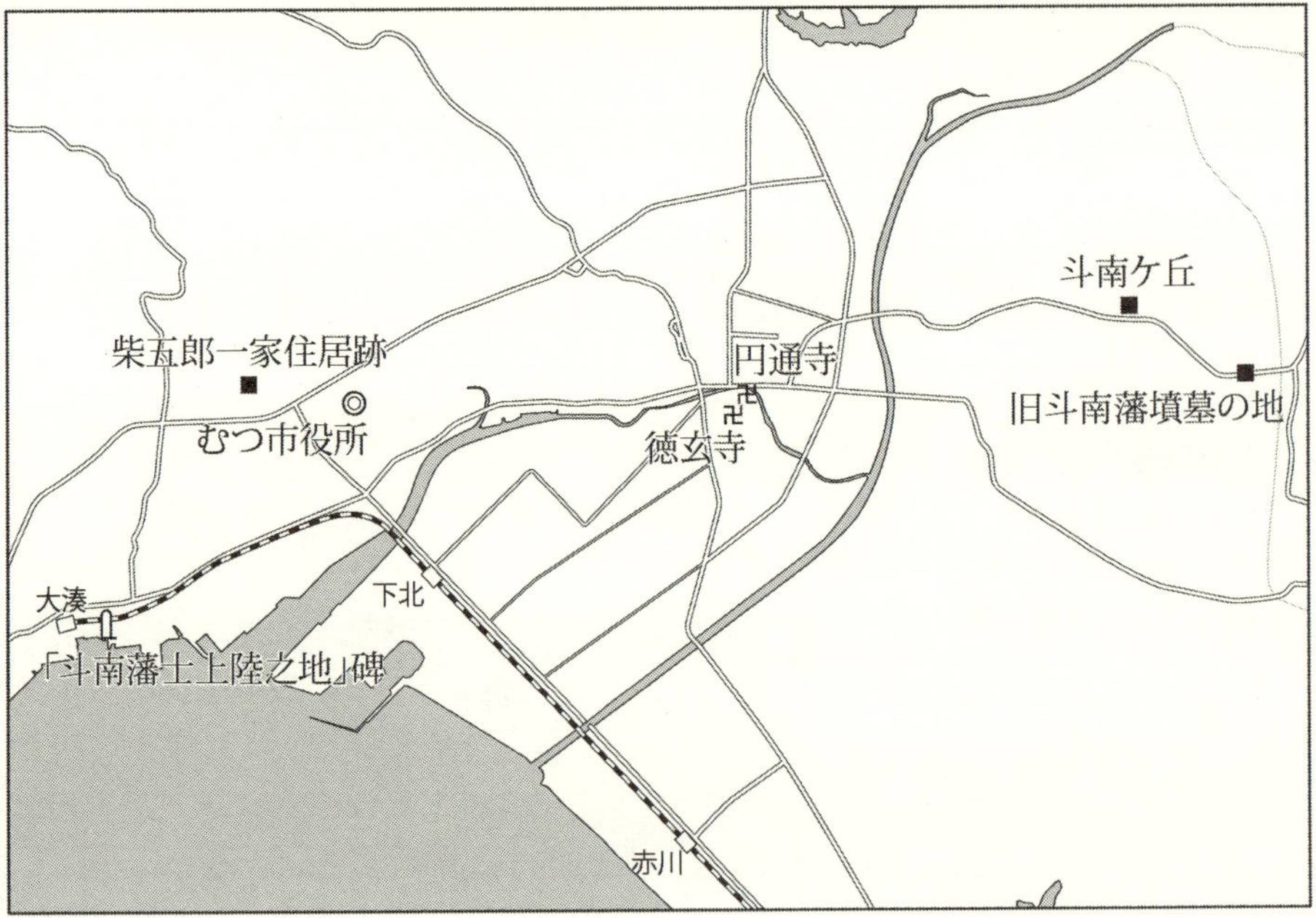
柴五郎一家住居跡
むつ市役所
円通寺
徳玄寺
斗南ケ丘
旧斗南藩墳墓の地
大湊
下北
「斗南藩士上陸之地」碑
赤川

地図制作・関根美有

第一章　会津藩の戦後処置

開城

明治元年（一八六八）九月二十二日、抗戦むなしく降参の旗が、高々と会津鶴ヶ城《つるがじょう》に掲げられた。南会津の田島《たじま》方面で戦っていた会津の猛将佐川官兵衛《さがわかんべえ》は、「敵は帝《みかど》の軍隊にあらず、姦賊だ」と恭順に反発、戦いを続けたが、主君松平容保から降伏の書状が届き、涙を呑んで、これに従った。

開城の儀式が終わると、その日の午後、容保父子は、会津若松郊外滝沢《たきざわ》村の妙国寺《みょうこくじ》に入り謹慎した。このとき城内にいた人員は、藩士、従僕、他藩の兵士、婦女子、奥女中、鳶《とび》の者など四千九百五十六人だった。城内に残された武器は大砲五十挺《ちょう》、小銃二千八百四十五挺、小銃弾薬二十三万発、槍《やり》千三百余、長刀《なぎなた》八十一だった（『会津戊辰戦史二』）。

山本八重の回想

平石弁蔵《ひらいしべんぞう》著『会津戊辰戦争』に、会津藩砲術師範山本覚馬《やまもとかくま》の妹、山本八重《やえ》の回想録が次のように記述されている。

敵の総攻撃は九月十四日の早朝六時に始まり、毎日夕の六時ごろまでは、実に凄《すさ》まじい勢いで砲撃をしました。

無論小銃弾も三方面より非常に来ましたが、大砲の音に消されて少しも聞こえませんが、ただバッ、バラッと霰《あられ》のごとく絶えず来ていました。それに頭上で爆裂するかと思うと、脚下《きゃっか》に砂塵《さじん》を揚げる、瓦《かわら》は落ちる、石は跳ぶ、城中はまるで濛々《もうもう》たる硝煙《しょうえん》で、ほとんど噎《むせ》ぶような有様、しかし誰《だれ》一人逡巡《ためら》うものもなく、寧《むし》ろかえって勇気百倍、子どもらは、濡《ぬ》れ筵《むしろ》をもって縦横に馳《は》せ回って、焼丸《やきだま》を消している。婦人は弾薬の補充に奔走し、あるいは傷者の運搬、救護などその多困多難の有様、なんとも話になりません。

こうして多い日には一日に二千発もの砲弾が撃ち込まれた。しかし会津鶴ヶ城の天守は、最後まで崩れなかった。籠城婦人は皆どこか負傷しており、最後は自刃しようと脇差《わきざし》か懐剣を身につけていた。八重の弟三郎《さぶろう》は正月三日、鳥羽伏見で命を失い、父は九月十七日、城下の戦闘で戦死していた。婦人は皆こうした境遇にあり、最後は死に花を咲かせてやろうと決心していた。しかし武運つたなく降参となり、婦人たちは石垣に頭をつけて流涕《りゅうてい》した。

八重の回想は続く。

明治７年の会津鶴ケ城（国立公文書館蔵）

城中にいた会津勢は全員三の丸に移されると、すぐ西軍が入城してきたが、そのとき、入城する西軍が、

「イヤー、イヤー」

と憎らしいほどの大音声で続けざまに叫びつつ、

「ドッドッドッドッド」

と、三の丸に聞こえるほどの足音を立てつつ、ほとんど駆足で繰り込んだ。このときの残念さ、無念さ、一同思わず、

「ウム、残念、奸賊《かんぞく》ども」

と、今にも斬《き》って入り、腕の限り縦横に斬りまくって死のうかと、ほとんど衆心一致したのでありますが、詮方《せんかた》なく城中、音する方を睨《にら》みながら切歯扼腕《せっしやくわん》したのであります。

八重の回想は真に迫っていた。

大久保と木戸

会津落城をもっとも喜んだ人物は、薩摩の大久保利通《おおくぼとしみち》と長州の木戸孝允《きどたかよし》だった。薩摩は一度、会津と同盟を結び、長州を京都から追放した仲である。会津落城を聞いて、少しは憐憫《れんびん》の情を抱くかと思いきや、大久保は木戸孝允と一緒に、

「愉快、愉快」

と手を叩《たた》いていた（『大久保利通文書』第二巻）。相手に思いやりの心を持つ薩摩の西郷隆盛とは大違いの人物だった。後日、西郷が大久保と決別する気持ちがよくわかる。

十月に入って、謹慎中の重臣の処分が決まり、十月十七日、藩主容保は因幡池田《いなばいけだ》家、世子喜徳《のぶのり》は久留米《くるめ》藩有馬《ありま》家に幽閉と決まり、重臣の萱野権兵衛《かやのごんべえ》、梶原平馬《かじわらへいま》、内藤介右衛門《ないとうすけえもん》、手代木直右衛門《てしろぎすぐえもん》らとともに東京に送られた。

白河《しらかわ》まで来たとき、ここでの惨敗がすべてだったと、皆、茫然《ぼうぜん》と白河城に見入った。奥州

での最初の戦争がここ白河であり、たった一日で白河城を奪われ、薩長の新政府軍が東北に乱入したのだった。

東京に入り、上野《うえの》の黒門《くろもん》にさしかかると容保は駕籠《かご》から降り、目に涙を浮かべて徳川家の廟所《びょうしょ》を遥拝《ようはい》した。

これを見た江戸っ子は、「感涙を催さざるなし」と会津の史書、北原雅長《きたはらまさなが》の『七年史』にある。雅長は会津藩家老神保内蔵助《じんぼくらのすけ》の次男で、兄修理《しゅり》は鳥羽伏見敗戦の責任をとらされて自刃、父も城下の戦いで自刃していた。後年、長崎市長を務めた逸材である。

容保を預かった池田公は水戸藩主徳川斉昭《なりあき》の五男、徳川慶喜の兄である。親戚《しんせき》に近い屋敷への幽閉であり、安堵《あんど》するものがあった。一方、有馬公は一時、尊王攘夷《じょうい》の急先鋒《きゅうせんぽう》であり、会津藩と対立した時期もあり、扱いがどうなるのか懸念もあった。

警護はどこも厳重をきわめ、いつも三、四人の武士が監視し、室内には鉄器や瀬戸物類はいっさいなく、自決を防ぐため、火箸《ひばし》も木製だった。入浴のときも監視付きで、隣室には小銃が三、四十挺もあり、室外には大砲まであった。待遇は決して甘いものではなかった。

死一等を宥す

明治元年（一八六八）十二月七日になって明治天皇より詔書があった。

「容保の死一等を宥《ゆる》して首謀の者を誅《ちゅう》し、非常の寛典に処せん」とする中身だった。首謀の者を誅せとなれば、いったい、誰が該当するのか。その数は三人であった。まず家老の田中土佐《たなかとさ》、神保内蔵助を差し出すことにした。二人はすでに自決しており、もう一人が問題だった。その責めを負ったのが、上席家老の萱野権兵衛だった。年長者である萱野が自ら買って出たのだろうか。つらい決断であったと思われる。

このとき、容保は、次の親書を萱野に送った。

今般、御沙汰《ごさた》の趣ひそかに承知致し、恐れ入り候次第に候。右は全く我が不行届きより、ここに相至り候儀に候処《ところ》、立場から父子始め、一藩に代りくれ候段に立ち至り、痛哭《つうこく》に堪えず候。さてさて不便《ふびん》の至りに候。面会も相成り候身分に候わば、是非《ぜひ》逢《あ》いたく候えどもその儀も及び兼ね遺憾《いかん》このことに候。その方、忠実の段は、深く心得居り候間、後々の儀などは毛頭心に置かず、その上は国家のため、潔く最後をとげくれ候よう頼み入り候也。

五月十六日　祐《ゆう》堂《どう》

萱野権兵衛へ

容保は親書のなかで、自分の不行届きでこのような事態に陥った、痛哭に堪えないと、権兵衛に謝った。容保の人柄を示す文体だった。

藩主松平容保の義姉照姫《てるひめ》は見舞状と歌を権兵衛に送った。

扨《さ》て此度《このたび》の儀、誠に恐れ入り候次第、全く御二方様（容保、喜徳）御身代りとなり、自分に於ても何共申候様これなく、気の毒言語絶し惜しみ候事に存じ候。

右見舞の為め申進め候。

照

権兵衛殿へ

夢うつつ思ひも分ず惜しむぞよ
まことある名は世に残れども

（『松平容保公伝』）

照姫の見舞状も気の毒言語に絶すと最大の心くばりをみせた。

権兵衛は頂戴《ちょうだい》した書簡を静かに読み、君恩のありがたさにただただ感激し、明治二年五月十八日、麻布《あざぶ》の保科家別邸で死の時を迎えた。

「いま国家のために死するは覚悟のことなれば毫《ごう》も悲しむことにあらざるのみならず、むしろ光栄とするところである」
と別れの言葉を述べ、保科家の大目付の立ち会いのもとに割腹した。

藩士の処分

降伏後、会津藩士は、近郷の塩川《しおかわ》（現喜多方《きたかた》市塩川町）と猪苗代《いなわしろ》に分散収容されていたが、ここにきて、塩川組は上越高田、猪苗代組は東京へ送られることになった。この先どうなるのか、まったく見当がつかない。新たな試練のはじまりだった。

高田藩に割り当てられたのは、二千五百余人で、明治二年（一八六九）一月中に六回にわたって送られた。未来に希望がなく寒さに震える移送は、地獄への旅路に思えた。坂下《ばんげ》、野尻《のじり》、津川《つがわ》、山ノ内《やまうち》、分田《ぶんだ》、加茂《かも》、三条《さんじょう》、地蔵堂《じぞうどう》、出雲崎《いずもざき》、柏崎《かしわざき》、黒井《くろい》に泊まる難儀な旅だった。途中、脱走者や死者があり、実際に到着したのは千七百四十余人で、高田藩では東本願寺《ひがしほんがんじ》高田別院ほか寺町《てらまち》の数十の寺に収容した。

これだけ多くの会津藩士をかかえた高田藩の負担は大きく、藩士預かり費用として明治政府に支援を要請、三万石の内諾を得たが、反故《ほご》にされ支払われなかった。

会津藩士の犠牲者も多く、食糧が不足し、医薬品もないために一年半の間に六十七人が死亡、脱走者は五十三人に及んだ（『上越市史』）。

猪苗代組は約二千九百人で、それぞれ分散して東京に向かった。

『ある明治人の記録――会津人柴五郎の遺書』で知られる柴五郎も兄太一郎《たいちろう》の付き添いということで、六月の梅雨《つゆ》の時期に東京に向かった。約百人が一緒だった。太一郎は足に銃弾を受け、杖《つえ》をついて歩くのがやっとだったので、一梃の板輿《いたごし》を与えられた。戸板に二本の丸太棒が通してあり、蓑笠《みのがさ》をつけてこの上に座し、さらに茣蓙《ござ》をかぶって雨を避けた。それを人夫が担いでくれるのだ。

五郎は片時も兄のそばを離れず介抱した。

「首より腕を吊《つ》りたる者、両杖に足を引きずりて行く者、呼気のみ激しく足運ばず次第に列より遠ざかりゆく者、あるいは下男に負われたる白髪の老体もあり、一人一人それぞれの運命を背負いて言葉なく歩みつづけたり」

と、五郎は綴《つづ》った。

一行は十余日で東京に着き、五郎は一橋門《ひとつばしもん》内の御搗屋《おつきや》という食料倉庫に収容された。木造二階建ての倉庫で、一階は土間であり、漬物置き場らしく、沢庵《たくあん》のにおいがした。二階は中央に通路があり、両側に一人一畳ずつ荒畳を敷き、そこが寝床だった。この夜は干し魚一枚、どんぶり飯一杯に味噌汁《みそしる》が出た。風通しが悪いうえ、蚊や蠅《はえ》が多く、不衛生きわまりなくて寝苦しかった。

五郎の父は講武所《こうぶしょ》、五三郎兄は幸田邸、茂四郎《もしろう》兄は護国寺《ごこくじ》に収容されており、出かけて会うことができた。

家族は農家に分散

藩士の家族は、会津若松近郊の農村に分散収容された。

会津弔霊義会所蔵の史料に詳しく記述されているが、近郊の農村に避難したのは三千五百九十一家族、一万三千三百五十七人だった。降伏から斗南移住までの一年半から二年にわたり、三百五十二の村に分かれて暮らした。村別の家族数で多いのは御山《おやま》村（現在の会津若松市門田町《もんでんまち》御山地区）百四十九家族、ついで塩川村百七家族、坂下村（現会津坂下町）七十八家族だった。男装して戦った山本八重は、家族と一緒に塩川村に住んだ。

会津に残って農民となる人、十五歳未満六十歳以上の男性も会津に残ることが許された。

広沢釈放

会津藩の復興計画を練った中心人物は、京都で公用人を務めた広沢安任だった。

広沢は会津戦争を阻止せんと江戸に残り、江戸の大総督府に西郷を訪ねたが、逆に捕らえられ、獄舎につながれていた。会津藩の処分が決まると広沢は釈放され、軍事総督を務めた山川大蔵《おおくら》（浩《ひろし》）をリーダーに、広沢と仙台で参謀を務めた永岡久茂《ながおかひさしげ》が補佐し、再興を期すことになる。

広沢は大久保や木戸らの配下と接触し、飯田町《いいだまち》火消屋敷跡に旧会津藩事務所を開設すること

との許可を得た。しかし、薩長の戦後処理は厳しいもので、会津若松での再興は容易ではな

く、地元からは猪苗代という要望もあったが、「そのような話は認められない」と歯牙《しが》にも

かけられなかった。

最大の難関は長州の最高指導者木戸孝允だった。

木戸は会津藩士を極端に恐れており、海を隔てた蝦夷地《えぞち》、現在の北海道に会津藩士を移住

させようと考えていた。蝦夷地であれば、海を渡って東京に攻め込むこともあるまいという

発想だった。

木戸は京都時代、会津藩の取り締まりに遭い、捕らわれたことがあった。捕らえたほうが

まさか悪名高き桂小五郎《かつらこごろう》とは気づかず、

「厠《かわや》に行きたい」

というので認めたところ、やおら袴《はかま》を脱いだかと思うと脱兎《だっと》のごとく駆け出し、対馬《つしま》藩邸に

駆け込んだ。勝海舟が直接、木戸から聞いた話である（『氷川清話《ひかわせいわ》』）。

「西郷などに比べると木戸は非常に小さい。とても大きなことはできないだろう」

と海舟がけなした男である。会津藩士に対する憐憫の情などひとかけらもなかった。
このとき逃げられたのが運の尽き、会津藩は木戸にさんざん痛めつけられることになる。

蝦夷地移住計画

当時木戸は待詔院《たいしょういん》出仕で、ポスト待ちだった。同じ長州閥の兵部大輔《ひょうぶたいふ》大村益次郎《おおむらますじろう》に厳命をくだし、会津人の蝦夷地移住計画を立案させた。

兵部省が立案した「会津降伏人始末荒目途《もくと》」によると、会津降伏人総数一万七千のうち、明治二年（一八六九）に四千人、三年に八千人、計一万二千人を蝦夷地に移住させるとし、家屋三千戸（一戸当たり四人）や馬屋の建築に農具給与を含め、その費用四百六十万円（八ヵ年賦）と米高九万石の下付を政府に要請するというものだった（『新札幌市史　第二巻　通史二』）。

しかし、木戸が示した石高九万石の領地はまったく実態のない熊笹《くまざさ》の茂った原野で、住民の大半は先住民のアイヌの人々であり、会津人の開拓は不可能な場所だった。

これはどう見ても流刑以外の何物でもなかった。この処分は官報で告知され、兵部省は明治二年九月十三日、第一陣として会津人男女三百三十八人を東京より汽船で小樽《おたる》に運び、さらに十八日には百六人が小樽に着いた。

これらの人々は余市《よいち》、古平《ふるびら》、忍路《おしょろ》、小樽、銭函《ぜにばこ》などに分散収容されたが、建物が間に合わず、雪穴同然の場所での暮らしを余儀なくされた。幸い時あたかも鮭《さけ》漁期で、小樽の妓楼《ぎろう》飲食店はおおむね石狩川《いしかりがわ》に出稼ぎに出ていたので、そこに入ることができた。しかし支給される手当ては、家具寝具と一人一日玄米一升だけである。これでは生活ができない。必死に働くしかなかった。

ところが明治三年三月、北海道開拓は兵部省から開拓使に所管が替わり、会津人は斗南藩に引き渡されることになった。その理由は、「会津降人《こうじん》は旧藩の風習を帯び、真の移住民の如《ごと》く開墾に従事すべき見込みがない」という開拓使の責任者、黒田清隆《くろだきよたか》の方針によるものだった。

こうして先発隊の会津人は余市に移り、果樹の栽培にあたることになるが、下北半島を中心に旧南部藩の地に移住するのは、その後のことである。

第一章　なぜ南部の地に

南部藩の没収地

奥羽越列藩同盟に加わって戦った奥羽越の諸藩は、一様に処分を受けた。

南部藩は大砲百八十六門、小銃六千六百三十八挺、大小弾丸一万九百十八個を薩長軍に引き渡して降伏、藩主南部利剛《なんぶとしひさ》は隠退謹慎、首席家老楢山佐渡《ならやまさど》は切腹、領地は仙台領白石に国替えのうえ、二十万石を十三万石に減封された。

これを不服とした領民が国替え停止を求めて一揆《いっき》を起こしたため、金七十万両を献金することで、北《きた》郡、三戸郡、二戸郡を除いて旧領にとどまることができた。すべては金次第だった（『岩手県史』第6巻）。

七十万両は現在の貨幣価値に換算すると数百億円に相当する。新政府は庄内《しょうない》藩からも六十万両を巻き上げており、資金稼ぎの東北戦争だった。ただし明治四年（一八七一）、廃藩置県が断行されたため、南部藩と庄内藩の支払いは手付金だけですんだ。

この賠償金はどこからどこに消えたのか。解明しなければならない問題である。

明治新政府は南部藩から北郡、二戸郡、三戸郡を没収し、そこを会津藩領としたのだが、ここは本州のなかでもっとも気候が厳しく、しばしば飢饉《ききん》に襲われるところであり、ロシアのシベリア送りに酷似していた。

斗南藩領

明治二年（一八六九）九月に入り太政官《だじょうかん》から、松平家家名再興を許すとの内達があった。かくて山川浩が松平容保家来総代として願い出て、十一月四日、陸奥《むつ》国南部領のうち、三戸郡、北郡、二戸郡の合計禄高《ろくだか》三万石の支配を仰せつけられ、旧臣一同謹慎をとかれたのだった。

南部の地に視察に入った旧家老の原田対馬《はらだつしま》は、三万石とはいうものの、荒蕪不毛《こうぶふもう》の辺地で、実収わずかに七千石がいいところだと報告し難色を示したが、陸奥移住は長州藩木戸孝允の命令であり、いかんともしがたいものだった。薩摩の西郷隆盛は庄内藩に寛典で臨んだが、木戸は終止厳しい態度だった。

会津若松に残留ができたのは、戦死者の遺体の処理、帰農した藩士の世話などにあたる藩士で、山川は地元残留希望の原田対馬を筆頭に、町野主水《まちのもんど》、高津仲三郎《たかつちゅうざぶろう》、伴百悦《ばんひゃくえつ》、大庭《おおば》恭平《きょうへい》ら二十人ほどを会津に残留させた。

笹沢魯羊《ささざわろよう》の『下北半嶋史』によると、「会津人四千戸のうち、斗南への移住者はおよそ二千八百戸、残り千二百戸のうち三分の二、およそ二千人は帰農して会津に踏みとどまり、他の三分の一は東京あるいは隣県に移った」とあり、士族全員の強制移住ではなかったが、士族にとって平民になることには抵抗もあり、多くの人が南部の地を目指したのだった。

割り当てられた斗南藩領は北郡（上北郡全域とむつ市、下北郡全域をさす）、二戸郡（現在の岩手県金田一以北）、三戸郡にまたがる広大な面積を有していた。今日の視点で考えると、むつ市はもちろんのこと、三沢《みさわ》市、十和田《とわだ》市にまたがり、八戸市とも隣接しており、発展の可能性が十分にあったように思えるが、百五十年前は、不毛の地であった。

『青森県歴史』（明治八年から十八年にかけて執筆）の第二巻（青森県文化財保護協会）に、次のように地勢が記述されている。

北郡

おおむね不毛の地で、風激しく草木は成長せず、野辺地以北は高山が中央に突起。地味は痩《や》せ、雑穀しか稔《みの》らない。加えて秋霜が早く降り、融雪は遅く、民は貧しく、皇国中、最不幸の民と称するのも決して誇張ではない。
二戸郡
蕪穢荒涼《ぶあいこうりょう》の山村多く、耕地に乏しいため、採薪、焼炭につとめ、あるいは竹器を製し、麻布を織って生計を立てる。北部は豊かな平野があり、植えたものはたいていよく稔る。西は土地が痩せ、収穫が少なく、牧畜を生業とする。南は気候が寒く、領民は稗、粟《あわ》を植え、牛馬を放って生業としている。村落の形、風俗は醜く、衣食は粗悪である。
三戸郡
高原不毛の地が多く、米が採れる。牧畜、樵猟《しょうりょう》を生業とする人が多かった。毎月市場が開かれ、日用品の交換が行われていたが、農夫たちは帰路、酒屋に立ち寄り、鯨飲《げいいん》酔歌《すいか》した。性情は頑愚で、奴僕《ぬぼく》のように見えた。
この執筆者名は不明だが、明治八年、太政官から青森県に執筆の通達があり、諸制度、政治、経済、地勢などについて調査が行われ、執筆された。
斗南藩全体の村数は、北郡三十五村、二戸郡九村、三戸郡二十六村の計七十村で、石高は三万四千七百四十七石だった。面積は広いが、かつての会津二十八万五千石に比べたら問題にならない凍餒蛮野の地であった。

横浜から陸奥湾越しに釜臥山をみる

古川古松軒

当時の斗南藩領を考えるとき、参考になるのは、十八世紀末に書かれた古川《ふるかわ》古松軒《こしょうけん》の『東遊雑記《とうゆうざっき》』である。

古松軒は備中《びっちゅう》岡田《おかだ》藩の人で、年少より地理学を好み、機会さえあれば各地を旅し、その足跡は全国に及んだ。江戸期のプロのルポライターである。古松軒は天明《てんめい》八年（一七八八）、幕府巡見使に随行して奥羽と蝦夷地を視察していた。蝦夷地の視察を終え青森に入ったのは、八月二十三日だった。そこから下北半島に向かい、二十五日に野辺地に入った。以下は古松軒の記述のごく一部である。

野辺地は三百余軒の大概の町なり。二

十五日この所に止宿（中略）。

野辺地ばかりの道筋に村と称せる所もあれども、村高ということもなく、ようよう一村に三軒、五軒ならでは人家もなきことなり。

二十六日、横浜《よこはま》に止宿。この所は海浜の少しき漁家のみなり。

二十七日、横浜より発足、三里中ノ沢《なかさわ》、三里半田名部止宿。田名部は大概の町にして、北郡の内にて第一の町なり。海を少し離れてある町ながら川ありて船の通いあり。これより恐山《おそれざん》の麓《ふもと》まで二里半余。（中略）

二十八日田名部御発足、三里半小田野沢《おだのさわ》御休み。この間は広大限りもなき原野にて、大勢なれども心細く思うことにて、中華にて虎《とら》のすむ所は定めてかかる原ならんと評判せしことなり。田名部より小田野沢三里半と土人いいし所七里もありて、みなみな空腹となりしゆえに、案内の者の不沙汰なりとて怒り罵《ののし》りしもおかし。

小田野沢という所は海を東にうけし浦にして、ようよう漁家十三家、なかなか人の住居するというようの所にあらず。かくのごとくの地へは何しに来たりしことと、御巡見使をはじめ各おのあきれはてしことにて、東の方幾万里あることにや、万国全図にて見れば、これより東のかたにおいては国もなく、みなみな地中の世界にして空論なり。ただ雲中より打ち寄するかと思う山の如き大浪《おおなみ》立ちあがり、胆《きも》を冷やすことなり。（中略）

この日は風も吹きて、東海一面に鳴ること千万の雷のごとく、大浪馬前に立ちあがり、岩打つ浪《なみ》の煙一丈も二丈も空にちりて、雨の降るごとくに頭上に落ちて、みなみな衣をひたし、日本の内とはさらに思われずして暹羅《しゃむ》（今のタイ国）・ジャカルタなどいう国はかくもあらんと、心よわき人びとはものをもいい得ず。

現代文に要約すると、この辺りは広大な原野で小田野沢に来て、ようやく漁家を見つけた。海は千万の雷のように鳴り響き、とても日本の風景とは思えぬ大浪が空に舞い上がっていた。また、「この辺など人物を見るに、多く賤《いや》しき婦人、櫛《くし》・かんざしなどをさすということもなく、おどろの髪を乱し、人とはさらに見えざれども、心はさこそ見苦しくはあるまじく、言語は男女ともにチンプンカンにて、十にしてその二つ三つならでは解せず」とあり、人々の暮らしはひどく貧しかった。

『東遊雑記』は、土地の家屋、人口、言葉、風俗など全般に及び、当時の東北の実情をつぶさに伝える紀行文だった。どこも見物客が押し寄せ、米沢では、二、三千もの人出があった。便所は目隠しされ、何を聞いてもネイネイというだけだった。言葉は奥地に入るほど通じなくなり、案内者とも通じず、お互い笑うのみという状況だった。

会津若松の評価は低く「城下ははなはだ侘《わび》しく賤しきなり。備前《びぜん》岡山に見くらべれば大いに劣れり」とあった。

西国に比べると東北の生活水準が低かったことは間違いない。これから察しても後年、京都守護職となった会津藩の苦労は並大抵のものではなかったことがわかる。

橘南谿

ほぼ同時代にこの周辺を歩いた橘《たちばな》南谿《なんけい》の『東西遊記《とうざいゆうき》』も併読する必要がある。橘はこう記述していた。

南部の地は広大無辺にして、何《いず》れの国といえども此地の広きに比すべき所なし。ことに七の戸辺に三本木台《さんぼんぎだい》という野原あり。只《ただ》平々たる芝原にて、四方目にさわるものなし。此原東西凡《およ》そ二日路、南北半日路程ありと云《い》う。其間に人家もなく樹木も一本も見えず、実に無益の野原也。

雪中には此辺の人といえども四方に目印なければ方角知れず、五、七日も往来やむことありとかや。此外にも野辺地という所より七の戸迄《まで》来たるにも、五十丁道四里半ありて東西は猶《なお》広し。此所も只一面の芝原也。（中略）

野辺地より北を田名部という。田名部の地は高五千石のよし。（中略）惣《そう》じて南部の地は海広く、山深く、平地も右に云うごとく広漠《こうばく》なれば、新たに開きだにせば上々の田畑幾千百万石を得べし。

要約すると、南部の地は広大無辺、七戸辺りは四方、目にされるものがなかった。総じて海広く、山深く、広漠な大地であった。

さらに、天明三年（一七八三）の大飢饉のおぞましい実態も記述していた。

出羽《でわ》国秋田を過て東北の方に入事《はいること》十数里斗《ばか》りなりしに、路傍に人の髑髏《どくろ》、或《あるい》は手の骨、足の骨等あり。皆いと白う枯たることやうなるもの、見るも不祥なりとて顔をそむけて通り過るに、壱里々々すすみ行程に、その枯骨多く、朝の間は五つ見しが、昼過て十四、五も見しといふ程に、その翌日は二、三十も見つれ、また翌日は五、六十も有といふにぞ。

後には目なれて格別に不浄にも覚へず、杖もて動し見るに、火葬せし髑髏に違ひ、生骨のことなれば、牙歯《けんし》も全く備り、婦人の頭あり、小児の頭あり、老人、壮者皆それぞれに見わけつべく、肩肘《かたひじ》、其外、腰、眼等の骨の模様、逐一委《くわ》しければ、「よき医者の稽古《けいこ》也、丹生《たんせい》によく見よ」

などすゝめて、道すがら見るごとには成ぬ。

猶、此外路傍五町、七町程づつには塚の形ありて、いまだ草も茂からず。其上にあやしげなる塔婆《とうば》に、餓死の者幾百人埋葬の塔婆、など書付たる比々《ひひ》として有り。枯骨の其ままにあらはれたるは埋み残せるものと見ゆ。

要約すれば、路傍に髑髏がころがり、手足の骨、婦人、小児の頭などが散乱していた。見慣れると不浄とも感じなかった。餓死者の数は何百、何千とおびただしいものがあった。

悲惨きわまりない話

このように、津軽《つがる》や南部の歴史は、凶作との闘いといってもよかった。天明年間(一七八一~八九)、飢えた農民や漁民は暴徒と化し、町の商家に押し入って強盗を働いた。安渡《あんど》(現むつ市大湊《おおみなと》)の久保屋庄助宅には百数十人の暴徒が押し寄せ、手当たり次第に盗みを働いた。暴徒は次第に浮浪者になり、町のあちこちにごろ寝し、朝になると、いたるところに餓死者がころがっていた。

八戸領名久井《なくい》村に八人家族がいたが、四人が餓死し、残る二人も心中し一家が死に絶えた。隣村に嫁いでいた娘が家に火を付け火葬にしようとやってきたが、この何日間、満足に食べていない。ついつい死骸《しがい》がもったいないといって食らいついた。それ以来、人の味を覚え、夫や自分の子をも殺して食い、さらには人の子を追いかけ回すなどした。それを知った村人は、山に隠れているところを鉄砲で撃ち殺した。人を食うと一様に狂乱し、最後は村人に殺されるという話が多かった。

人間は極限の状態に追い込まれると、何をするかわからないものだった。

長谷誠一ほか著『風土の刻印ヤマセ（北東風）社会』によると、「出来秋は大凶作となり、稲はもちろんアワ、ヒエ、ソバも種さえ穫れない。ニンジンも生育悪く、ナス、ササゲなし、梅なし、桃なし、ブドウ、芋の子、栗《くり》もなし。唐ガラシはたくさんなったが、辛みなし。

食い物がないのでクズ、ワラビ、オオバコ、カヤの根、芋ユリなど手当りしだいに掘って食う。それがだんだん深刻になって、顔は黒ずみ、体はむくみ、毛は抜ける、歯をむき出した鬼のような人々が増えた」とあった。

『むつ市史』には、「飢餓のもっとひどい地域では犬、猫などを取りつくし、死人はおろか生きている人間まで殺害して肉を食したという。まさに生き地獄さながらの残酷な話が伝えられている」とある。

いつも飢餓状態の陸奥の地に四、五千人に及ぶ会津人が着の身着のままでやってきたのだから、地域の人々の本音は、迷惑な話だった。

第三章　移住者の群れ

新政府の詐欺行為

斗南移住は明治新政府による有無をいわせぬ命令だった。当然のことながら移住に必要な経費は政府が負担すべきであった。現地を視察した家老の原田対馬を中心に藩首脳部がデータを持ち寄り、三年間の生活費、開拓に必要な資金、住宅建設費などあわせて六十七万千二百六十八両の拝借願を新政府に申請した。米の価格から割り出し、現在の貨幣価値に換算すると約四百二十二億円である。その内訳は次のようなものだった。

一、旅費男女二万千八十人分。東京在住者は品川《しながわ》港から、上越高田在住者は越後今町《いままち》（直江津《なおえつ》）または新潟から海行。会津在住者は会津から新潟まで陸行、新潟から海行。または会津から直接陸行。

二、家作料。新領地の民家はまれなので一部新築の必要がある。器具類は炊事道具。
三、移住後三年間の禄米。移住地はまだ人力の加えられない荒野であるから、土着後三年間は実収の見込みが立たぬため。（相田泰三《あいだたいぞう》編『維新前後の会津の人々』）

しかし新政府は、一向に移住費の額を示さない。そこで七月にふたたび請願したところ、九月に入って政府から不裁可の旨が発せられ、特別の詮議《せんぎ》で、金十七万両（約百七億円）、米千二百石を下賜するので、速やかに移住せよと命令があった。

必要経費の三分の一である。にもかかわらず、もし移住しなければ厳重に処分するともあった。


これは大問題だった。ただちに陳情団を東京に送り、補助金の増額がなければ、領地は従来どおり会津若松とすべしと迫ったが、これも拒否された。

すでに移住は始まっていた。あまりにも冷たい処置に山川ら幹部は茫然自失、どうすべきか、言葉を失った。


広沢はここにきて、はじめて罠《わな》にはまったことを知った。しかし撤退も許されない。なお継続的に補助金の増額を申請するしかないとし、移住を継続することに決するしかなかった。

雀《すずめ》の涙の資金では失敗が目に見えている。首脳部は夜も眠れぬ日々が続いた。

山川らの見通しが甘いといえばそれまでだが、藩士の謹慎はすでに二年も続いている。家族は離れたままだ。最終的な詰めをする余裕もなく移住が始まったのだった。

船便と陸路

会津若松からの移住計画は、外国船による船便と陸路の二組に分かれて進められた。船便は新潟港から五回運航され、これとは別に江戸からも船が出た。新潟発はアメリカの客船が使われた。

『新潟開港百年史』によると、会津人を下北に運んだのはアメリカの商船ヤンシー号で明治三年（一八七〇）、次の五回、陸奥に運航していた。

一、五月二十四日新潟港入港、五月二十九日出港、人員七百十八人、荷物百二十九個、米二千五百八十五俵。
二、六月七日入港、六月九日出港、人員六百二十五人、荷物千六百四十八個、米千九百六十四俵。
三、六月十六日入港、六月十九日出港、人員千六百九十二人、荷物二千個、米二千二俵。
四、十月十四日入港、十月十八日出港、人員二千二百八十人、荷物二千四百六十九個。

五、十月二十四日入港、閏《うるう》十月一日出港、人員二千二百五十六人、荷物二千七百五十七個。
合計人数七千五百七十一人。

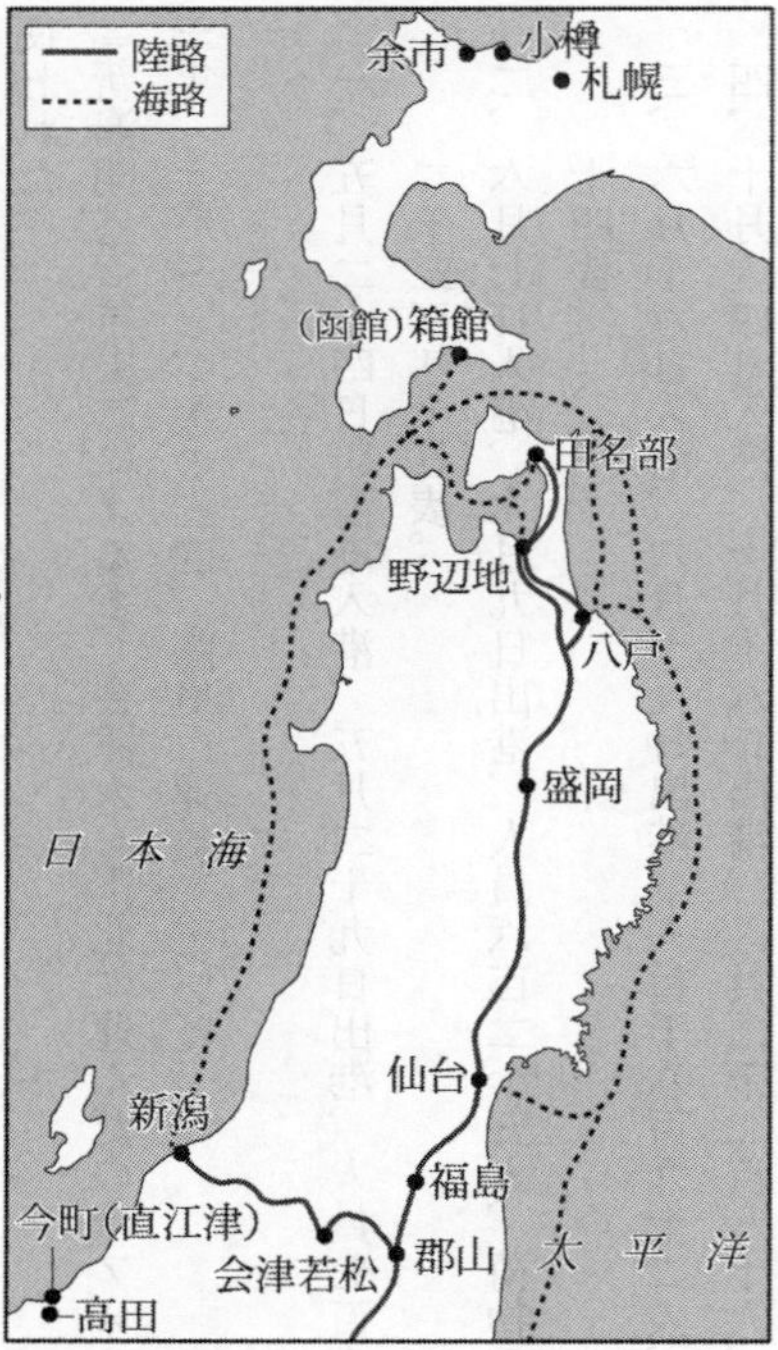

移住の経路

移住組を統率する山川浩は会津残留組を率い、二百五十余戸を一組五十戸ずつにして、若松から津川まで徒歩、津川から舟で阿賀川《あががわ》を下り、六月十日新潟着。第三回のヤンシー号で野辺地に向かった。船は六月二十二日朝、陸奥湾の野辺地に上陸。それから田名部付近の村々に落ち着いた。

前記笹沢魯羊の『下北半嶋史』には、

「斗南藩士上陸之地」碑

六月十日夜、安渡（大湊）へ汽船で到着した千五百人の一団があり、十二日には野辺地上陸の一部も田名部に着いた。半数はとりあえず寺々に集団的に合宿し、他の半数は五人、六人ずつ町家に分宿した。二十日ころには村々への割り当て人数も決まり、それぞれ引き取ったが、一時はなかなかの混雑だった。斗南移住者の内、田名部に落ち着いた者は約三百戸、他は村々へ五十戸、三十戸、二十戸と分かれて移った。

とある。会津からの移住者の総数は、史料によって異なり、正確な数字を出すのは困難だが、目安は弘前県大参事野田豁通《のだひろみち》の大蔵省への伺（『青森県史』第六巻）に掲載されている明治三年春から閏十月までにおける斗南領内への移住者総数一万七千三百二十七人、戸数四千三百三十二戸である。しかし、二年後の「明治五壬申《じんしん》年戸籍簿」や「青森県管轄元斗南県貫属《かんぞく》戸籍簿」になると、

二戸郡　二百七十二戸、九百七十八人
三戸郡　千八百戸、五千六百八十三人
北郡上北地区　二百六十三戸、人員不明
北郡下北地区　九百五十一戸、三千五百五人
総計　三千二百八十六戸、一万百六十六人

と五千人ほどが減少している（『むつ市史』近代編）。

明治五年は廃藩置県の翌年なので、かなりの人口移動があったと思われる。

ともあれ、これらの移住者を新領地の北郡、二戸郡、三戸郡に割り当てる作業は、膨大、かつ骨の折れる大変な作業であった。不平不満も充満した。

池内《いけうち》儀八《ぎはち》の『会津史』にこうある。

幾世住み馴《な》れし若松を退去して陸奥の極北なる斗南に移れるを以《もっ》て、昨日まで二十八万石の雄藩たりしもの、今日は僅《わずか》に三万石の小禄に急変し、上下の困難惨状甚しく、栄華豪壮を夢みし過去の楽み忽然《こつぜん》醒《さ》めて、今は荒野を拓《ひら》き痩地を耕して漸《ようや》く口体の飢寒を凌《しの》がざる可からざるに至れり。

之を以て不平を抱かんとするものあり、或は憤慨して暴挙をなさんとするものありて、斗南藩の施政甚だ困難なりき。然《しか》るに広沢安任病羸《びょうるい》の身を以て、群疑を解き衆難を排して人心を鎮め、卒《つい》に無事なるを得たり。廃藩の事決するに及びて、安任幡然《はんぜん》として曰《いわ》く、

「吾れ国家を誤る実に多し。亡国の士は以て存を謀るべからず」

広沢安任は山川の盾となって皆の不平不満を説得し、薩長を日々恨むのではなく、負ける戦争をした我々にも判断の誤りがあったと説き、斗南藩の運営にあたった。広沢は斗南の重臣のなかで、柔軟さを欠いた会津藩政の失態に言及した数少ない人物でもあった。

次に移住者の暮らしにふれることにしよう。

小さな空家

明治三年（一八七〇）六月、東京から船でやって来た柴五郎一家は、父佐多蔵《さたぞう》、兄太一郎、兄嫁すみ子、そして五郎の四人家族だったが、兄太一郎が糧米の購入にからんだ事件に連座し、捕らわれの身となってしまったため、家族は三人だった。

柴家の旧藩時代の世禄は三百石で、五郎の兄太一郎は軍事奉行添役を務め、生活は比較的豊かだった。会津に敵が攻め込んだ日、柴家の女性たちは、兄嫁以外ことごとく命を絶ち、男だけが残された。五郎は郊外に出ており、祖母や母、姉、妹の死を知り、号泣した。

三人は田名部在向町の小さな空家《あきや》を借りて住んだ。周囲に家はなく実にさびしいところだった。間口三間、十畳ばかりの店造りで台所兼用の板敷と二階の六畳と納屋だった。障子は骨ばかりで、米俵を縄で縛り、戸障子の代用とした。冬になると炉に焚火《たきび》をしても陸奥湾から吹きつける寒風が部屋を吹き抜け、部屋は氷点下十度から二十度の寒さだった。食べるものも、布団も満足になく、藁にもぐって寝る始末だったので、安眠できるはずもない。皆、似たり寄ったりの暮らしで、幼児や老人は飢えと寒さで、次々に息を引き取った。

五郎の家では山に入って蕨《わらび》の根を集め、水にさらしてすすぎ、水の底にたまる澱粉《でんぷん》を取り出し、乾燥させて粉にし、これに米糠《こめぬか》を混ぜ、塩を加えて団子にしてあぶって食べた。海辺で拾った昆布は真っ白になるまで真水でさらし、細かく刻んで乾燥させ、カマスや俵に入れて保存し、粥《かゆ》に入れて食べた。ときには馬鈴薯《ばれいしょ》、大豆などを加えて薄い粥をつくって食べた。凶作があっても下北で餓死者が少なかったのは、海草と蕨の根があるためだった。

地元の人々の食事も似たようなものだったが、違うのは味噌汁だった。地元の人は、味噌汁に凝った。イワシの焼き干しでダシをとり、干した大根葉や菜っ葉を汁の実にし、季節によっては大根、馬鈴薯を汁の実にして食べた。五郎の家では、味噌汁がなかったので、いっそう空腹感を強くした。

五郎はあまりの寒さで熱病にかかり四十日も寝込んだ。ついには栄養失調で髪の毛が抜けて、半病人になった。

川の水がゆるんだころ、猟師が来て、川の氷の上で遊んでいた犬を撃ったが、氷が薄くて渡れない。犬はそのままになった。この犬は近所の鍛冶屋《かじや》の飼い犬で、五郎は父にいわれて鍛冶屋にもらいに行った。ところがもう一人、もらい受けようとした会津人がいて、五郎の家と半分ずつ分け合った。

その日から五郎の家の食事は毎日、塩で味付けした犬の肉になった。兄嫁は気味悪がって手をつけず、五郎は無理して口に入れたが、喉《のど》につかえて吐き気を催した。父は、

「武士の子たることを忘れしか。戦場にありて兵糧なければ、犬猫なりともこれを喰《く》らいて戦うものぞ。ことに今回は賊軍に追われて辺地にきたれるなり。会津の武士ども餓死して果

てたるよと、薩長の下郎《げろう》どもに笑わるるは、のちの世までの恥辱なり。ここは戦場なるぞ、会津の国辱雪《そそ》ぐまでは戦場なるぞ」

と、語気荒くしかりつけた（『ある明治人の記録』）。

五郎の父の考えは、陸奥に来た会津人に共通のものだった。このような事態に陥ったのは、薩長との戦争に敗れたためである。いずれこの恨みは晴らしてやる。それまでは歯を食いし

落の沢の柴五郎の住まい跡

五三郎兄が借住まいした呑香稲荷

ばって耐える。そういってこの極貧に耐えた。

その後、落《おとし》の沢の呑香《とんこう》稲荷前の一軒家の一部を借り受けた。

落の沢は現在、斗南歴史散歩のスポットになっている。立看板があり、当時の様子が記されている。林に囲まれた、当時は辺鄙《へんぴ》な場所だったに違いない。冬は雪にうずもれ、除雪をしないと行けない場所である。

田屋村の荒屋

進撃隊員として城下で戦った荒川類右衛門《あらかわるいえもん》三十九歳の一家は、明治三年（一八七〇）七月下北半島の田名部在の田屋《たや》村の平七の家に割り当てられた。家族は母親と妻と五人の子どもだった。長女は十五歳、長男は十歳だった。

田屋村は現在の下北郡東通《ひがしどおり》村の田屋集落である。現在は田名部近郊の集落で、かつての面影はない。平七の家宅は奥の一間が八畳、床の間付き、袋戸付き、三尺縁通もあった。次の間は八畳、次は十畳で、この三間を借り受けた。まずまずの広さだった。平七の家族は三人と少なく、歓迎の素振りを示したが、言葉がわからない。風がカジェ、あるいはカンジャ、雨はアマケ、海はハマ、犬がワンコ、ワンワ、馬がオマといった具合なので、慣れるまで時間がかかった。

このあたりの住まいは皆、荒屋《あばらや》で日々の食糧も乏しく、主食は稗で、食べ方も変わっていて、干した昆布を臼《うす》で搗《つ》き、稗と一緒に煮込むのである。これをオシメといった。一種の雑炊《ぞうすい》である。温かいうちは結構おいしいが、冷えるとまずくて食べられない。そのほかの産物は大根、五升芋、野生のユリなどで、米はいっさいとれない。米を食べるのは正月、

恐山

お盆、病人が出たときだけだった。

急激な環境の変化と栄養不良で、類右衛門の三男乙三郎の様子がおかしくなった。腹だけが異常にふくれ、雑炊を与えても吐き出すのである。妻のミヨが徹夜で看病したが、薬もなく日に日に痩せ衰え、息を引き取った。泣きじゃくる妻の姿に、類右衛門は言葉もなかった。

翌明治四年二月、類右衛門は斗南藩が建てた斗南ケ丘の住宅に移住することができ、支給された馬を引いて開墾を始めたが、馬に関する知識がなく、馬を死なせてしまった。

会津時代の荒川類右衛門（左から２人目）の家族（帰国後、再婚した。明治 39 年撮影）

状況はさらに悪くなった。五月には扶助米が減らされ、一日当たり大人二合八勺になった。子どもの分も減らされた。

八月、夜になると、地元の人々は決まって、奇妙な踊りに熱中した。

「盆中、毎夜、老若打雑《うちまじ》り、踊りをなす。鳴り物は三味線、打鐘にて拍子を取り、実に妙なり」

と類右衛門は日記に記した。

「死ねば恐山さ行く」

村人はそう語り、恐山の夏祭りがくると、腰に弁当をくくりつけ、出かけて行った。

目の前の子どもたちは、汚い着物を身にまとい、体に虱《しらみ》がわき、朝から晩まで野山や浜辺を歩き、野草や昆布拾いに明け暮れている。類右衛門は、いてもたってもいられなかった。

秋祭りが終わると、冬将軍の到来である。冬を迎えてどうなるのか。次第に寡黙《かもく》になっていく類右衛門の姿に、苦悩する会津人があった。
廃藩置県後、一家は会津若松に戻るが、妻や娘の死など苦しい日々が続いた。

半人半獣人

小林軍雄《こばやしときお》一家は、明治三年（一八七〇）十月に斗南移住の命令を受け、家族そろって会津若松を出発し、新潟から船で下北に向かった。家族が何人かは不明だが、両親と幼い妹がいたようだった。会津藩での役職、石高など詳細は不明だが、相当に文才の立つ人であった。子息の小林秀雄《ひでお》は、旧制第二高等学校から東京帝大文学部に進み、西洋史学者となり、晩年は立教大学の史学科長を務めた。出身は青森県となっているが中学校は東京なので、子どものころ、一家は東京に移ったのではないかと思われる。
小林の「北移日誌」（『会津会会報』七七号）は次のようなものだった。

野辺地で最初の夜は、商人西堀善兵衛の宅に宿泊した。割り当ては三本木在の伝法寺《でんぽうじ》村だった。道を聞くと三里だという。三里行くとあと十里だという。わけがわからない。この辺は地質が悪く草は一尺に充《み》たず、水も乏しくして長木を見なかった。翌朝ここを発し、三本木に至り、昼餉《ひるげ》を喫す。この地は盛岡藩士新渡戸伝《にとべつとう》の開墾地で、今を去る二十年前まではわずかに十二戸の小村だったが、追々に移住の人が増え、戸数おおよそ百五十戸、ほとんど市街の形をなしていた。

伝法寺はまだまだ遠い。山路は誰にも会わない。高木、天を蔽《おお》い、荊《いばら》が足にからまり、歩行が容易ではない。武陵桃源《ぶりょうとうげん》、別天地である。とても人間世界とは思われない。犬の声が遠くに聞こえたので、人里が近いと、励んで道を行くと、子どもが薪を背負って帰るのに出会った。

何を聞いても通じない。

半人半獣とも云うべく、身には布の破れたる弊衣をまとい、なお腰に達せず、帯は縄を以ってこれに替え、髪は垂れて肩を隠し、ただ眼光爛々《らんらん》たるを見る。

やっと伝法寺村にたどり着き、村翁が家を示し、夕餉など持ち来り、かれこれと慰めてくれたが、割り当てられた住まいは、去る天明年間の飢饉に際して北海道に逃亡した住民の家で、修理する者もなく、軒は傾き壁は落ち、居ながらにして月日を拝する廃屋《はいおく》だった。

小林は会津を思い出し、朝夕、南を望んで涙を流すのみだった。

伝法寺村は、三本木市を経て、現在、十和田市の一画を占めている。

日向ユキ

こういう場合、救いは女性のたくましさだった。

会津戦争で父と兄を失った日向《ひなた》ユキは、当時、二十歳前後、男たちと一緒に斗南に移ることを決め、二百五十人ぐらいずつが一団となって、会津から二十日かかって陸路、野辺地の町に着いた。残念ながら、いつ到着したかの記録はない。

父日向左衛門は町奉行を務める四百石どりの上級武士、母ちかの生家は飯沼《いいぬま》家で、白虎《びゃっこ》隊《たい》士中二番隊で生き残った飯沼貞吉《さだきち》とユキはいとこだった。また、母ちかの姉千重子は家老西郷頼母《さいごうたのも》の妻で、父方のいとこには柴五郎がいた。

斗南行きは、草鞋《わらじ》をはいてはじめての長い道中だったので、足の裏は豆だらけになり、いうにいわれぬ苦しみだった。

陸路をたどった家の大半は、仙台領や旧南部領を通り、二、三週間費やして苦難の旅を続けながら新しい支配地を目指した。一行は、奥羽の悪路を日に三、四回も草鞋をとりかえ、途中の費用は藩発行の宿札で処理し、空腹をかかえながら旅を続けた。

明治二年（一八六九）は凶作だったので明治三年は米価が値上がりする一方で、宿札一枚、十二銭五厘では宿屋でも難色を示すところが多く、かつおぶしをかじりながら飢えをいやすというみじめさであった。なかでも、秋に移住した者は途中雨や雪に叩かれてドブ鼠《ねずみ》のようになって病気になり、死亡者も出る始末だった。このような場合には、遺体は途中の寺院に葬り、戒名だけを移住先の寺院の過去帳に載せた。

はじめ野辺地で反物や雑貨を扱う柴崎屋の二階に間借りしたが、しばらくして船着場を営む人の家に世話になった。

人々は会津さまと呼んでくれた。これは異例のことだった。他ではうさんくさい目で睨まれたが、ここには文化もあり、礼儀作法もわきまえていた。

若かったユキはここで一生懸命に働き、針仕事や草鞋作りなどなんでもやり、一日に穴あき銭三十文ほどを稼いだ。そして、藩からもらう扶持《ふち》米は余すように努め、その米を売っては生活に必要なものを買った。物価は安く、大きな鱈《たら》が二本で二百文、赤じゃら貝は百文で三十から四十個、蛸《たこ》は百文出せば一貫目買うことができた。

薪とりに山へ行くと、山には蕨、うど、あけび等がたくさんあり、それをとってきて食べ、身欠き鰊《にしん》やなまこ等もよく食べた。また人から頼まれて普請場の胴づき（土固め）の仕事もした。働きに行ってお茶うけに、あんぴん（餅《もち》）が出るのが楽しみだった。あさつきがたくさん出るころは、汁や粥に入れて食べた。そして鰊船が着くと、「会津さまにあげるから」といわれ、たくさんもらってきたこともあった。

土地をもらって開墾も始めてみたが、百姓の知識とてなく、四坪ぐらいのところを三人がかりでようやく耕し、四升の蕎麦《そば》の種を播《ま》いたが、花が咲かなかった。母は医者の家で針仕事をやっていたが、その家が青森に移ることになったので、ユキも青森へ移った。

ユキは文才もあり『万年青《おもと》』と題する手記に野辺地のことを記していた（『会津戊辰戦争史料集』）。

ユキはその後、函館《はこだて》に渡り、そこで薩摩出身の青年に見込まれ結婚し、九十四歳まで生きた。

手代木直右衛門の妻

公用方重臣、手代木直右衛門の一家も夫は不在だった。直右衛門は京都時代、薩摩、長州の志士たちにも知られた存在で、京都見廻組の与頭《くみがしら》佐々木只三郎《ささきただうさぶろう》は実弟だった。会津戦争では、城に入って戦い、武器弾薬、食糧が尽きるに及んで、秋月悌次郎《あきづきていじろう》とともに米沢藩の周旋で土佐《とさ》藩の陣営に出向き、降伏を申し出た。

直右衛門は戦犯として幽閉されていたため、妻の喜与《きよ》（三十代後半）は斗南で夫の釈放を待つこととし、七十二歳の老婆と長女十三歳、次女十歳、三女五歳を連れて、船で野辺地に着いた。

一家は田名部が落ち着き先だった。野辺地に上陸して三泊、いよいよ田名部に向けて出発した。おりしも十月の寒空である。老婆は名ばかりの駕籠、長女は荷物と弁当を積んだ馬に乗り、下の二人の娘は別の馬、喜与は徒歩なので、いつの間にか馬は先に行き、駕籠は遅れて別れ別れになり、次女と下の娘は吹きまくる寒風と空腹で泣き出す有様だった。

寒さのため雨合羽の雫《しずく》は氷柱となり、逢《あ》う人ごとに「駕籠に逢いたらば、かくかくと告げたまえ」と、くれぐれ頼みつつ、一足は行き、一足は止まり、道具仕掛けの操り人形に似た有様だった。

この時期、斗南藩では斗南ヶ丘に住宅を建設しており、ほうほうの体で田名部に着いた家族は、やっとわが家という名前の小さな住まいに落ち着くことになる。

神尾鉄之丞の家族

外交方の一人、神尾鉄之丞《かみおてつのじょう》の家族も女性だけだった。

神尾は江戸勤務で、鳥羽伏見のあと一柳幾馬、池上岩次郎らと武器弾薬の調達にあたり、旧幕府から品川砲台の大砲、弾薬を借り、旧幕府の軍艦順動丸《じゅんどうまる》に搭載して箱館《はこだて》に向かい、ここでも大砲を仕入れて新潟に運んだ。

しかし降伏後、神尾の行方はわからなくなった。家族は妻くら（三十代後半）と娘二人、栄十二歳と春十一歳だった。夫の行方は一向にわからず、命を落としたものと妻は考えた。

やむなく母と娘で移住を決意した。里子に出してあった男子もこのとき、引き取った。一家は明治三年（一八七〇）十月、野辺地で二週間ほど過ごしたあと、五戸在の戸来《へらい》村に割り当てになった。延々と歩き、やっとたどり着いてみると、住む家はなく木賃宿が割り当てられた。隣には怖い顔をした男がいて、朝から酒を飲んでいた。栄と春はまだ子どもだったので順応性があり、近所の子どもと仲良しになり、冬の間は雪すべりをして遊んだ。春になると、野原に出かけてよく花を摘んだ。そのうちに北海道から夫の使いが来て、夫は無事であることがわかった。

神尾は脱藩する形で箱館戦争に加わっていた。箱館戦争には会津からは小野権之丞《おのごんのじょう》、諏《す》訪常吉《わつねきち》ら何人かの公用人が参戦していた。一家は三戸を脱出して、箱館に渡ることができ、やっと笑顔が戻った。

間瀬みつ

会津藩の奉行、三百五十石の上級武士間瀬《ませ》新兵衛の次女みつ（四十一歳）も一族五人を率いて三戸にやってきた。父新兵衛と弟岩五郎は城下の戦闘で戦死、末弟の白虎隊士源七郎は飯盛山《いいもりやま》で自決、女たちだけが残された。

天気の日は面白いほど歩くことができたが、雨降りのときは心細く、大雨になると着物は濡れ、袖口《そでぐち》から雫がしたたり落ちた。

みつが率いたのは母のまつ六十歳、弟の妻雪二十四歳、幼児清吉三歳、妹ののぶ三十五歳、つや三十三歳である。交代で清吉をおんぶした。

盛岡の次の宿、沼宮内《ぬまくない》（現岩手町）は好天だったが、翌日から雪となり、おまけに山道にかかり、道が遠く次の宿三戸にたどり着かない。ついに夜になってしまった。松明《たいまつ》もなく十八人ほどが立ち往生した。宿を探したが、泊めてもらえず、夜半になってやっと三戸に着くことができた。割り当てられたのは三戸郡大向《おおむかい》村の谷儀平の家だった。

割りつけられた部屋は手狭なので、十五畳敷の間を借り、渡された南京《ナンキン》米を煮たところ籾《もみ》やくずばかりで食べるのに苦労した。

そこで宿替を役場へ願うと、早速、石井与五平方へ移るようにと指示があり、十一月に引っ越した。

与五平は商人で、糸引きの道具を五つも貸してくれたので、それから皆で糸引きをした。材料は、大阪や四国辺から廻《まわ》ってきた。

糸を七十匁《もんめ》包、五十目包などにして、それから板に巻いて大小のくりにして、三戸町、五戸町、八戸在まで、くり糸を市日ごとに売りに出た。お陰で、稼ぐことができた。

みつは生活力が旺盛《おうせい》なたくましい女性だった。

飯沼貞吉の家族

白虎隊士の生き残り、飯沼貞吉の家族も五戸村に移住していた。

戸籍台帳には、

士族飯沼源八（三四）、明治七年（一八七四）五月、若松へ
曽祖母みの（八七）
祖母こう（六七）明治四年八月二十九日死亡
父隠居猪兵衛（四七）
母ふみ（四三）
二男貞吉（二一）
長女ひち（一五）
三男関弥（一一）
大叔父留蔵（六一）
同妻よし（四八）
同長男留四郎（一四）

同長女ひさ（七）

とあった。

貞吉は当時、長州の世話になっており、五戸には来ていなかったが、名前を届けておくと手当てと米がもらえるので、届けておくのが普通だった。

貞吉の弟関弥は母や姉と一緒に毎日、薪拾いに連れていかれ、それが終わると、畑に出て草むしりの日々だった。

母は関弥を五戸寺町の桜井恒五郎の塾に入れたが、母が恋しいと何度も帰って来た。母が「なんですか」と脇差をつきつけ厳しく叱《しか》った。以後、勉強に励んだという（三浦栄一《みうらえいいち》『流れる五戸川』）。

一家は廃藩置県後、会津若松に戻り、それから東京に出た。

関弥は旧主君松平家の家扶となった。関弥の長男一省《かずみ》は旧制第一高等学校、東京帝大法学部に進み、大正六年（一九一七）内務省に入り、昭和九年（一九三四）から埼玉、静岡、広島、神奈川の各県知事を歴任。戦後は貴族院議員、内務次官を務め、最後の官選東京都長官（知事）となった。

高嶺幾乃子の話

二戸に移住した高嶺幾乃子《たかみねきのこ》も、貴重な話を残していた。幾乃子は会津藩士井深駒之助の長女で、十七歳で殿中に出仕し、十九歳で藩士の高嶺忠亮《ただすけ》に嫁ぎ、秀夫、二郎、秀三郎、秀四郎の四人の母になった。二郎は二歳で夭折《ようせつ》した。

夫は京都在勤中に病死した。長男秀夫は、幼児から神童といわれ、十五歳で主君容保の小姓となった。

会津戦争のとき、幾乃子は夫の両親忠恕七十六歳、おえつ七十二歳と秀三郎十歳、秀四郎八歳を連れて城外に脱出し、知り合いの農家に匿《かくま》われた。

自決する覚悟だったので、衣類や大小は皆百姓に与え、二人の子どもは舅《しゅうと》の手で殺してもらう約束をした。しかし城は落ちていないと聞き、自殺は見合わせ、その家に十日ばかり世話になり、今度はそこから一里半ばかりの勝大《かつおお》（現会津坂下町）の親類を頼り、移り住んだ。そこに二、三日いるうちに戦いが敗れて官軍が村まで入ってきた。

そのとき、村の山伏が、自分の家へ来いといった。舅は首に輪袈裟《わげさ》をかけ、山伏の父ということにし、隠れていた。

八日ほど経《た》って秀夫の様子を聞きたいと、九月二十四日、四里の道を歩いて城下に出た。いたるところに官軍の兵士がいた。長屋にいる町人を訪ねて様子を聞くと、

「一昨日、殿様は官軍に護衛されて妙国寺に行かれた」

と語った。夜になってから勝大へ帰ろうと思って、七日町《なぬかまち》を通ったら、葵《あおい》の御紋のついた道具が官軍の売物になっていた。

涙橋《なみだばし》までくると、橋の両側にたくさんの死人が横たわって目もあてられぬ有様だった。

ちょうど、越後口から来た官軍は勝ち誇って、

「会津の殿さんにあげたいものは白木の三宝に九寸五分」

と歌っていた。そのうち、喜多方のほうで、新政府軍から御扶持があると聞き、五里の道を歩いて喜多方の役場に行くと、幾乃子一家は冬木沢《ふゆきざわ》の百姓家に割りつけられ、一人につき、玄米五合、銭二百文もらうことができた。

高嶺幾乃子

舅は肝煎《きもいり》の息子に書物などを教え、幾乃子は塩川まで塩買いに行ったりして二年、ここに住んだ。その間に姑《しゅうとめ》は病死した。秀夫は猪苗代に謹慎して翌明治二年（一八六九）二月、江戸に向かった。

明治三年九月末、一家は斗南に移ることになり新潟から船で野辺地に着き、割り当てに

なった西越田中《さいごしたなか》（現青森県三戸郡新郷村《しんごう》）に向かった。現在西越田中は、十和田湖への東口玄関として発展している。

割り当てられた農家に住み、ここでは一人玄米三合限りでほかにはなにも出ず、そのうえ、働けぬ者には二合八勺しか支給されず、毎日お粥ばかり食べ、難儀な月日を二年余り送った。舅は庄屋の息子に書物などを教えていたが、ここで亡くなり、庄屋の田島勘兵衛の墓地に埋葬した。

その後、勘兵衛の家に半年ほどいるうちに、廃藩置県があり、各自は好きなところに行けるようになった。ちょうどそのとき、新政府から来た役人が秀夫のことを話し、

「立派な人間になっているからぜひ東京に行くのがよい」

と勧めてくれた。早速、秀四郎を連れて盛岡から川舟で北上川《きたかみがわ》を下り、仙台、福島から若松に寄り、佐瀬家の養子になっていた秀三郎も一緒に連れて二本松《にほんまつ》、郡山《こおりやま》、白河から太田原《おおたわら》に出て川舟をつないで東京の新橋《しんばし》に着き、慶應義塾に学ぶ秀夫のところに着くことができた。明治六年のことである。

秀夫は、慶應義塾で学びながら教師を務め月給十六円をもらっていた。明治八年七月、秀夫は恩師福沢諭吉《ふくざわゆきち》の推薦で文部省のアメリカ派遣の留学生に選ばれ、ニューヨーク州オスウィーゴー師範学校で教育学を学ぶ機会を得た。

三年後帰国し、東京高等師範学校に奉職、晩年は東京女子高等師範学校（のちのお茶の水女子大学）校長を務めた。

秀三郎も成績優秀で明治十年に渡米、大学を卒業して帰国したが、その翌年に病死。幾乃子は悲しい思いをした。

秀四郎は明治十八年に駒場《こまば》農学校（獣医専攻）を卒業した。同級生に広沢安任の甥弁二《おいべんじ》がいた。幾乃子の周囲には何人もの孫がいて、孫娘の夫、後年日本テレビ社長を務めた清水与七郎《しみずよしちろう》が幾乃子の斗南時代を筆記し、それを同じく孫娘の夫、成蹊《せいけい》高校長の土田誠一《つちだせいいち》が転写、それを読んだお茶の水女子大学長の野口明《のぐちあきら》が昭和三十三年（一九五八）十一月発行の『希望』に転載した。それがここで紹介した幾乃子の話だった。

こうした回想録を読むと、会津藩の知的水準はきわめて高いものであることがわかる。また福沢諭吉が積極的に会津の青年を慶應義塾に受け入れ、勉学の機会を与えていたこともわかる。今でも会津若松には曽祖父、祖父、父、本人と一家四代が、慶應義塾に学んだ酒の蔵元もある。

第四章　斗南の政治と行政

幹部の横顔

斗南藩は、財政の裏づけもないままに追われるように移住した、というのが実態だった。山川らの苦悩は察してもあまりあるものがあった。

首脳部の横顔はどのようなものだったのか。ここで斗南藩の幹部の横顔を見ることにしよう。

大参事山川浩（大蔵）

斗南藩の最高幹部、大参事山川浩は弘化《こうか》二年（一八四五）、会津城の北出丸に面した本二之丁《ほんにのちょう》に生まれた。父を早く亡くしたため祖父に育てられた。祖父兵衛《ひょうえ》は二十五歳で目付になり、普請奉行、町奉行、御蔵入奉行、大目付、家老と、とんとん拍子に出世した。家禄は

山川浩

千石。祖父は種痘や西洋銃をいち早く取り入れ、開明派の人物だった。

山川の家は藩祖保科正之に従って信州から会津に移った、いわゆる保科《ほしな》衆《しゅう》で、代々家禄三百石の上級武士だった。山川は斗南移住時、二十六歳。今日の感覚でいえば、まだ青年である。この若さで、なぜ大参事に選ばれたのか。それはひとえに彼の行動力と人望だった。

山川は自分を曲げない強情なタイプで、性格は負けん気が強く、理不尽なことは許さない正義感の持ち主だった。藩校日新館《にっしんかん》時代からリーダーの素質があり、同級生、下級生が山川の周囲に結集していた。

幕府歩兵奉行を務めた大鳥圭介《おおとりけいすけ》の印象記が残っている。大鳥は戊辰戦争時、日光口《にっこうぐち》で山川に会っていた。

「山川氏は当時、会津藩の若年寄なる者にて、両三年前小出大和《こいでやまと》に従い、オロシャに至り、西洋文化の国勢を一見し来たりし人にて、一通り文字もあり、性質怜悧《れいり》なれば、君侯の鑑裁《かんさい》にて、この人を遣わし、余と全軍の事を謀らしめんがために送られたるなり。余一見その共に語るべきを知りたれば、百事打ち合わせ、大に力を得たり」と大鳥は山川の有能さを記述した（大鳥圭介『南柯《なんか》紀行』）。

山川はいたるところで、才能を発揮した。

日光では猟師隊を編制、攻め寄せた土佐の板垣退助《いたがきたいすけ》、谷干城《たにたてき》らをキリキリ舞いさせた。猟師隊は、日光の山々で猟を生業とする猟師たちの集団である。胴着の上にあさぎ色のモンペをはき、腰には獣皮のツッキ（尻《しり》付き）を下げ、猟銃を担いで山々に潜み、薩長兵を狙撃《そげき》した。

敵が会津城下に侵入したため、至急戻るよう伝令を受けた山川は、昼夜兼行《ちゅうやけんこう》で会津若松へ急いだ。城下にたどり着くと、鶴ヶ城はすでに敵に包囲され、入城することができない。山川は近隣の村から小松獅子団《ししだん》を集めた。

会津では春がくると、町村に獅子踊りがあふれ、長い冬から解放された喜びにひたる。山川の兵団は、この小松獅子団を先頭に堂々と行進した。獅子団は十歳前後の少年たちだった。

少年たちが奏でる笛や太鼓の囃子《はやし》が戦場に響き、敵も味方もしばし戦いをやめて、この一団に見とれた。城門が近づいたとき、山川の兵団は一斉に鬨《とき》の声をあげ、城中に駆け込んだ。入城した山川は、二十三歳の若さで、家老、会津藩軍事総督に抜擢され、武器弾薬、食糧が尽きるなか、一ヵ月の籠城戦を指揮した。

家族は母艶《えん》、弟健次郎、姉二葉《ふたば》、妹美和、操《みさお》、常盤《ときわ》、咲子《さきこ》（のちの捨松《すてまつ》）の八人だった。

女たちは籠城中、主君容保の義姉照姫とともに、炊き出しや負傷者の看護にあたり、その活躍は誰しも認めるものだった。食事の準備もすべて女たちで、玄米を炊いてむすびとし、味噌をつけ、朝、昼、晩と兵士たちに配った。城内に収容された負傷者の数は、六百を超え、大書院、小書院の大広間に横たわっていた。薬も包帯もない。傷口を水で洗い、着物をさいたはし切れで縛るしかない。血だらけになってその作業に取り組んだ。

そのさなか、山川の妻登勢子《とせこ》は病室に飛び込んできた砲弾を消そうとして爆発、腹部に重傷を負い、息絶えた。

会津の籠城戦は壮絶をきわめた。会津藩の死者は三千余人。城下はすべて灰燼《かいじん》と帰し、領地は没収され、会津藩は住むべき国も家も失った。山川は、会津藩再興にさいし敵に頭を下げる屈辱も、いやというほど味わった。藩を代表する大参事は、衆目の一致するところ山川であった。とにかくやるしかないというのが山川の心境だった。

一家は明治二年（一八六九）六月下旬に新潟を出た第三便で、野辺地に上陸した。

当初、藩庁は田名部ではなく内陸部の五戸だったが、すぐ田名部に移ったので、山川も一家を挙げて田名部に移った。姉二葉は政務担当家老の梶原平馬に嫁いでいた。弟健次郎は長州藩士奥平謙輔《おくだいらけんすけ》のもとに預けられ、勉学中で不在だった。健次郎はのちにアメリカに留学し、帰国して東京帝国大学に奉職、総長を務める。

妹の咲子は斗南から箱館に移って勉学に励み、その後、国費留学生としてアメリカに留学、帰国して薩摩の大山巌《おおやまいわお》と結婚し、鹿鳴館《ろくめいかん》の華とうたわれる。留学するとき、捨松と改名していた。

少参事広沢安任（富次郎）

広沢は天保《てんぽう》元年（一八三〇）二月三日、広沢庄助の次男として会津城下に生まれ、藩校日新館から江戸昌平黌《しょうへいこう》に学んだ。

生家は下級武士で貧困をきわめ、幼いころは弱虫でよく泣かされた。父が早く亡くなったため母を助けて働き、昌平黌に学んだのは三十歳を超えていた。人の心がわかる苦労人だった。

師匠で会津藩儒者の宗川茂《むなかわしげる》は「そちは豪邁《ごうまい》なので国家経綸《けいりん》に当たるべし」といった。

江戸に向かうとき、決意の詩を詠んだ。

欲依大義挙綱維　大義によりて綱維《こうい》を挙げんと欲す。

一決此心復奚疑　ひとたび決すれば此の心また何ぞ疑わん。
休逐末流頻口舌　末流《まつりゅう》を逐《お》い口舌《しき》を頻りにするを休《や》めん。
至誠自有貫天時　至誠《しせい》、自《おの》ずから天を貫く時あり。

綱維とは物事の大筋、国家の法である。

全国の俊英とともに、国家のあり方を考えようとする広沢は、恩師がいうように政治に向いた人物だった。

会津藩上洛《じょうらく》のおりは軍艦を使うよう進言した。これは国家老の反対で実現しなかったが、時の流れを見るに敏で、薩長の志士とも積極的に付き合い、天下国家を論じた。

新選組《しんせんぐみ》の近藤勇《こんどういさみ》、土方歳三《ひじかたとしぞう》とも昵懇《じっこん》の間柄で、一時、才能を疎まれ、閑職に追われたこともあった。

広沢も外交交渉に臨んだ体験があった。文久《ぶんきゅう》二年（一八六二）、幕府がロシアとの間で国境交渉を行ったさい、広沢は糟谷筑後守《かすやちくごのかみ》の推薦で同行を命ぜられた。このとき一行は下北半島の大間《おおま》から箱館に渡った。広沢が見聞した下北半島は広大な土地を有し、可能性ありというのが、広沢の見解だった。

京都では公用人として活躍、江戸から浪士隊が姿を見せ、近藤勇を中心に新選組を結成するや、その窓口となって新選組の面倒も見た。文久三年には薩摩と提携して八月十八日のクーデターを断行、秋月悌次郎とともに長州の過激派を京都から一掃する離れ業を演じた。英書の勉強も行い、西洋事情にも通じ、兵制改革を叫び、藩立洋学校の開設にもこぎつけた。

また、山本八重の兄で、砲術師範の山本覚馬とともに、孝明天皇を彦根《ひこね》城に遷《うつ》し、幕府兵がこれを守り、いずれ江戸に遷都することも考えた。これが実現すれば京都の混乱は避けられたはずだった。

昭和十二年（一九三七）九月発行の『会津』十月号（会津新聞社）に片柳庵主《かたやなぎあんしゅ》という人物が書いた「会津雑記」という記事が掲載されている。そこに広沢安任の逸話があった。

広沢安任

「薩摩の勢力が大なのは、西郷隆盛と大久保利通がいるからだ。佐幕の目的を達せんとすれば、二人を殺すしかない」と広沢は二人の殺害を考えた。二人が京都から大坂に行くという情報を得た広沢は、二人を伏見街道で待ち伏せした。

大久保は、数頭の馬と一緒に駆け抜けた。

兵を出さなければ、とても殺せない。続いて壮士に守られて薩摩藩家老の小松帯刀《こまつたてわき》の駕籠が やってきた。それからしばらくして粗衣を着て、朱塗の太刀を横に、十数人の壮士を従えて やってきたのは西郷隆盛だった。三人ともまったく隙《すき》がなく、討ち果たすことはできなかっ たというのである。

鳥羽伏見で敗れ、江戸に引き揚げるや和平工作を進め、主君容保の冤罪《えんざい》を訴えるために薩長新政府の大総督府に乗り込み、西郷隆盛に面会を求めた。奥羽鎮撫《ちんぶ》総督府が仙台に設置され、会津攻撃が始まる時期である。なんとしても戦争を阻止しなければならない。それが広沢の考えだった。

しかし広沢は逮捕され、浜松《はままつ》藩の屯所に監禁された。それから各所を転々と動き、伝馬《てんま》町《ちょう》の獄につながれた。広沢は会津戦争終結後まで捕らわれており、戦争が終わると会津若松から秋月悌次郎や佐川官兵衛ら戦犯十一人が伝馬町の牢《ろう》に護送されてきたため、秋月と佐川から惨憺《さんたん》たる城下の戦いを聞くことができた。

薩摩に捕らわれた広沢が生き長らえたのは、イギリス公使館書記官アーネスト・サトウの口利きがあったからともいわれている。

薩長政権下で会津藩再興を果たすには、広沢が最適として少参事に選ばれた。広沢には会津戦争の辛酸を体験していない弱みもあったが、それゆえに新政府と忌憚《きたん》のない交渉ができる。広沢の少参事起用も異論はなかった。

至誠と大胆こそが、広沢の真髄であった。その心で広沢は陸奥の大地に闘いを挑むことになった。このとき四十歳。斗南藩の命運は、広沢の双肩にずしりとかかった。

少参事永岡久茂（敬次郎）

もう一人の少参事永岡久茂は、天保十一年（一八四〇）会津若松に生まれた。弁論に秀で、中国の歴史、地理、儒学、政経に明るい熱血の士だった。藩校日新館から江戸昌平黌のエリートコースを歩んだ。鳥羽伏見の戦いで敗れ、会津に帰ると仙台に向かい、もっぱら奥羽越列藩同盟の結成に奔走した。会津鶴ヶ城が敵に包囲されたと聞くや、おりから仙台湾寒風沢《さぶさわ》に投錨《とうびょう》していた榎本武揚《えのもとたけあき》の艦隊に掛け合い、兵百を譲り受け、会津に帰ろうとした。だが福島まで来ると、兵はことごとく逃亡、なすすべがなかった。

独木誰支大廈傾　一本の木で大廈《たいか》の傾くのは支えきれない
三州兵馬乱縦横　奥羽越の三州は兵馬で乱れてしまった
羈臣空灑包胥涙　使者の私が包胥《ほうしょ》の涙を流しても効なく
落日秋風白石城　日は落ち、秋風が白石城に吹いているこのとき詠んだこの詩は会津三絶の一つ、といわれる名文であった。「包胥」とは春秋《しゅんじゅう》時代の高官である。

その後、永岡は仙台の支藩一関《いちのせき》に援軍を依頼に行き、そのまま一関に潜伏していた。下北に来るとき、「斗南港上十年の後、繋《つな》がんと欲す、五州州外の船」と詠んでいた。永岡も斗南に夢を抱いた一人だった。

永岡は旧幕府の海軍関係者に働きかけ、西洋型帆船を購入、西郷寧太郎《さいごうねいたろう》ら若手藩士に、操船の技術習得を命じ、東京で訓練を始めていた。農業開発に伴う諸機械や食料を東京から運ぶ必要がある。陸路の交通は不便きわまりない。海路なら大量輸送が可能であると考えた。将来は陸奥湾を海上輸送の拠点にしようという一大構想が立案されていた。しかし明治三年（一八七〇）秋、訓練中の斗南藩の西洋型帆船が鹿島灘《かしまなだ》で大暴風雨に巻き込まれて着岸、破損してしまった。

しかし、これにめげる永岡ではない。田名部の商人を集めては、陸奥湾の開発を力説、田名部や安渡の廻船問屋から資金を集め、新たに洋式帆船安渡丸《あんどまる》を購入、陸奥湾に浮かべた。

廃藩置県になるや、斗南藩はこの船を北海道開拓使に売却、安渡丸は開拓使の船舶として活躍する様子が、河原勝治《かつじ》「旧会津藩士に高等海員多かりし理由及逸話」（『会津会雑誌』三八号）に記述されている。

永岡は酒を愛し、堅物が多い会津藩のなかでは異色であった。少参事に抜擢するさい、このことが問題になったが、山川と広沢が、「永岡は雄弁にして折衝の才あり」とまわりを説得した。それに応《こた》えて永岡は、海洋開発を考え実行に移したが、時間が足りなかった。

内藤と倉沢

斗南藩の最高幹部は山川、広沢、永岡の三人だが、家老職を務めた内藤信節《ないとうのぶこと》や倉沢平治《くらさわへいじ》右衛門《えもん》が短期間、少参事や五戸の責任者を務めた。

倉沢は野辺地にとどまり、五戸方面への移住者の世話にあたった。倉沢は四十六歳。広沢より六歳年長である。江戸昌平黌でも先輩であり、広沢が日ごろ尊敬する人物だった。

また、明治二年（一八六九）六月、松平容保の長男慶三郎《けいざぶろう》のち容大《かたはる》が生まれ、家名を相続し、斗南三万石と北海道に四郡の支配を仰せつかった。容大は当初、五戸におり、内藤信節が世話にあたった。

内藤家は旧藩時代家禄二千二百石。若年寄、家老と進み、会津戦争のおりは陣将として活躍、実弟の梶原平馬とともに主君容保の側近であった。梶原は主戦派の筆頭だった。越後長《なが》岡《おか》の河井継之助《かわいつぎのすけ》と提携、さらに奥羽越列藩同盟の樹立にも尽力、一時期は飛ぶ鳥を落とす勢いだったが、結果は惨敗に終わり、身を引かざるをえない状況下にあった。のちに梶原は北海道に渡り音信不通になった。

山川、広沢、永岡の三人の幹部は日々、何を話し合っていたのか。これについての記録はない。書記がいて記録していたはずなのだが、見つかっていない。

後年、三沢に建てた広沢の自宅が火災に遭っており、あるいはこのとき重要書類が失われたためかもしれない。移住者に米を支給するのがやっとという状況だったので、産業開発など夢のまた夢、呆然《ぼうぜん》と顔を見合わせる日々が続いたのではないかとも察せられる。

藩庁の職員は約七十人。各村をどの程度、巡回したのか。交通手段も連絡手段もない時代である。下北郡を除いては手のつけようがなかったに違いない。

斗南藩の最高責任者は前藩主の松平容保である。しかし主君容保と養子の喜徳は、明治新政府の人質として江戸にとどめ置かれていた。容保は鳥取藩池田家、喜徳は久留米藩有馬家の江戸屋敷に幽閉された。容保親子は、天皇に弓を引いた凶賊の首領と見なされ、厳重な監視のもとにあった。

容保の正室敏姫《としひめ》は病弱で、一人の子も生まずに病死した。その後、容保は二人の側室、名《な》賀《か》と佐久《さく》を得たが、なかなか子が生まれず、将軍慶喜の実弟、喜徳を水戸から迎え、世継ぎとした。ところがすでに述べたように、明治二年六月、佐久との間に幼君容大が誕生、はじめて男子を得た。

待ちに待ったお世継ぎである。家臣たちは容大を斗南藩主と仰ぎ、大同団結して、お家再興を願いでて、斗南藩が認められたのだった。しかし容大はまだ二歳に満たない赤子である。会津若松の御薬園から駕籠で、五戸滞在ののち、田名部に入り、円通寺《えんつうじ》で育てられた。円通寺で遊んだ木馬が十和田市に残されている。容大は後年、早稲田大学の前身、東京専門学校に学び、晩年、貴族院議員を務めた。斗南藩の藩政は大参事、少参事の双肩にすべてがかかっていた。

藩政の理念

山川は、斗南藩士に大要、次のように斗南藩政の理念を伝えた。

今般寛大の御盛典をもって家名を立てることができた。このうえは旧来の藩籍にかかわる者は残らず扶助したいが、何分にも我々は小家となり、どのように分配しても不足である。さりとて生活ができない者が出ては不憫至極《ふびんしごく》である。とくとこの情実を察し、それぞれが家産を立て、農業、工業、商業いずれの業種であれ自主の民となるべきである。これが斗南藩の基本であり、天皇の御意思である。

というもので、武士の時代は終わったことを全国に先駆けて示した。

立案したのは広沢安任であったろう。さらにほぼ次の細目が示された。

一、人々家産を立てるは国にあって国産を作れるがごとし。しかし年来慣れぬ新業を営むことになれば、不憫至極に付、助産米、助産金を遣わすことにしたい。しかし何程にもならない金額である。

一、平均無私の分配が政《まつりごと》の基である。大参事の職、欠員とし、私山川は権大参事の役にとどまり、大参事の役は空席にしてある。大参事にふさわしい人がいれば、就任していただく。

一、父が如何《いか》なる高官であろうが、相続の子は必ず初等より学ばねばならない。

一、自己の力で一家を作るものは、二、三男でも苦しからず、家主と差別なく仕わすことにする。

一、鰥寡《かんか》（連れ合いを失ったもの）孤独廃疾《こどくはいしつ》の者には格別温情を加えたいが、すべての扶助が足りず、相互に飢餓をしのぐことが大事である。親族や知り合いの人が助け合うこと。

旧来の制度はことごとく廃止し、無駄をはぶき、徳を修め、上下一緒になって進むしかない、といったことであった。

前途はきわめて多難であったが、山川らは、新しい開墾地を探して下北の山野を駆け回った。

斗南藩庁を置いたむつ市の円通寺

藩庁の組織と職員

藩庁は最初は五戸に置いたが、間もなく田名部の円通寺に移った。

会津若松市図書館に『斗南藩職員録』があり、そこに二百二十余人の名前と肩書きが記されている。当初は百二十人前後だったが、夏、秋、冬と移住者が増えるにつれて職員の数も増えていった。

司教局、司民局、会計局、監察局を置き、その下に戸籍、租税、社寺、駅逓、金穀の出納、用度、営繕、警察、裁判、軍事掛も置いた。諸木植立方、諸生取立方などさまざまな役職もあり、刑務所も置かれ、何人かの捕り手がいた。

広大な陸奥の地を統轄し、民心を治め、産業を興し、学校を開き、領地を開発しなければ藩の再生はない。斗南藩首脳は陸奥開発という遠大な理想を高く掲げ、日々、激論を重ねた。組織は次のようなものだった。

大参事欠　権大参事一人

少参事欠　権少参事二人

書記、史書、使童、公用人、史生　計十五人

司教局（文武を総監し、人材を養成する）

局長欠、副長一人

副司事、庶務、録事、使童　計七人、司教・助教・分教定員なし

司民局（戸籍、租税、堤防、水利、恤貧《じゅっぴん》、養老、社寺、駅逓をまとめる）

局長欠、副長一人

副司事、執事、庶務、録事、使童　計十九人

会計局（金穀・出納、秩禄《ちつろく》、用度、営繕等の庶務をまとめる。また天産を開き、富国の基を立てる）

局長欠、副長一人
副司事、執事、庶務、執算　計九人
監察局（政事の得失、人心の向背、諸局の正不正を察し、非違を糾弾する）
大監察一人
巡吏　四人
刑法局（法を執り、律を守る）
執事、庶務、録事、捕亡《ほぼう》、使童　計十二人

（葛西富夫『斗南藩史』）

最小限の人員構成だが、これらの組織を維持するにも費用がかかる。このためリストラに迫られ、間もなく職制を一部改正し、権少参事をなくし少参事だけとし、局も廃止、藩庁掛、学校掛、司民掛、会計掛、監察掛、刑法掛、軍事掛などに再編成し、人員を七十人前後に縮小した。ほかに三戸や五戸に移住する人のために野辺地に支庁を置いた。これは短期間の役所だった。

皆、極貧の暮らしだった。松平容大の家禄もわずかに七百五十石にすぎない。これは従来の上級武士の家禄である。ここからどう這《は》い上がるのか。課題は山積していた。

加えて理想と現実の間にあまりにも大きな乖離《かいり》があった。当面、緊急の課題は米の確保だった。薩長憎しといったところで、その政府に助成を願い出なければ、餓死する現実があった。豊かな領地であれば収入があるのだが、この地からは日々食べる米も穀物も得られない。山川は意気消沈する家臣たちの士気を鼓舞するために、藩祖保科正之を祭神とする土津《はにつ》神社の斗南遷宮も行った。

明治三年(一八七〇)十二月十一日、土津神社社司桜井豊記をはじめ長尾安之進、秋山平治、長谷川兵治らの七人が御神霊に供奉《ぐぶ》した。一行は猪苗代から本宮《もとみや》まで会津街道、本宮から五戸までは奥州街道を歩き、十七日に五戸に到着、斗南藩庁を置いた旧南部藩士三浦伝七宅の土蔵に御社をつくって遷宮した。明治四年、斗南藩庁が下北の田名部に移ると御神体も田名部に運ばれ、円通寺に安置された。

子弟の教育も大事だった。

山川は会津若松の旧藩校日新館所蔵の書籍を田名部に運んできた。焼け残った一部の書籍だったが、漢学、和学、神学、天文学、算術、医学などの書物などを持参してきた。なんとしても子どもに教育を施したい、山川はそう念じ学校掛に日新館再開を命じた。

田名部町の大黒屋橘文左衛門方の座敷を借用し、明治三年八月、斗南藩校日新館を開設した。田名部町民の子弟入学も認めた。遠距離者のために寮も設けた。未来を切り開くのは子どもである。田名部の本校に続いて五戸、三戸にも分校の開設を考えたが、学校に来る子どもはきわめて少なかった。子どもは山菜採りや昆布拾いに明け暮れ、学校どころではなかった。勉強好きの柴五郎さえ通学できなかった。

日々の食糧をどう確保するか、また住まいをどう確保するか、そちらのほうが先決だった。

住まいの確保

住宅の確保も急を要した。農機具をそろえることも急務だった。

山川や広沢は田名部の周辺を探索し、選んだのが田名部の中心地から一里（四キロ）ほど東に離れた妙見平《みょうけんだいら》だった。山川はこの地を斗南ケ丘と命名した。現在、むつ市の郊外、農業地帯になっている。

第一期工事は一戸建て三十棟、二戸建て八十棟の住宅だった。一戸建ては五間×三間の大きさで、入り口は土間、それから一家の居住区、奥に小さい部屋が二つあった。二戸建ては七間×四間半で、入り口は二つあり、土間、共同の居住空間と共通の広間、それから各戸の個室があった。便所は別だった。屋根は木羽《こば》ぶきで、積雪に耐えられるか、いささか心配であった。

住居の前に、間口十五間、奥行十七間、二百五十坪の荒地を払い下げた。ここを耕して、食糧の自給にあたらせるためだった。井戸は十八ヵ所掘った。バラックの掘っ立て小屋だったが、納屋や物置での暮らしよりははるかにましだった。

港が見える大平《おおだいら》地区にも三十棟の住宅を建て、野辺地、三本木、五戸、三戸、三沢にも順次住宅を建て、間借りしている人々を収容していった。

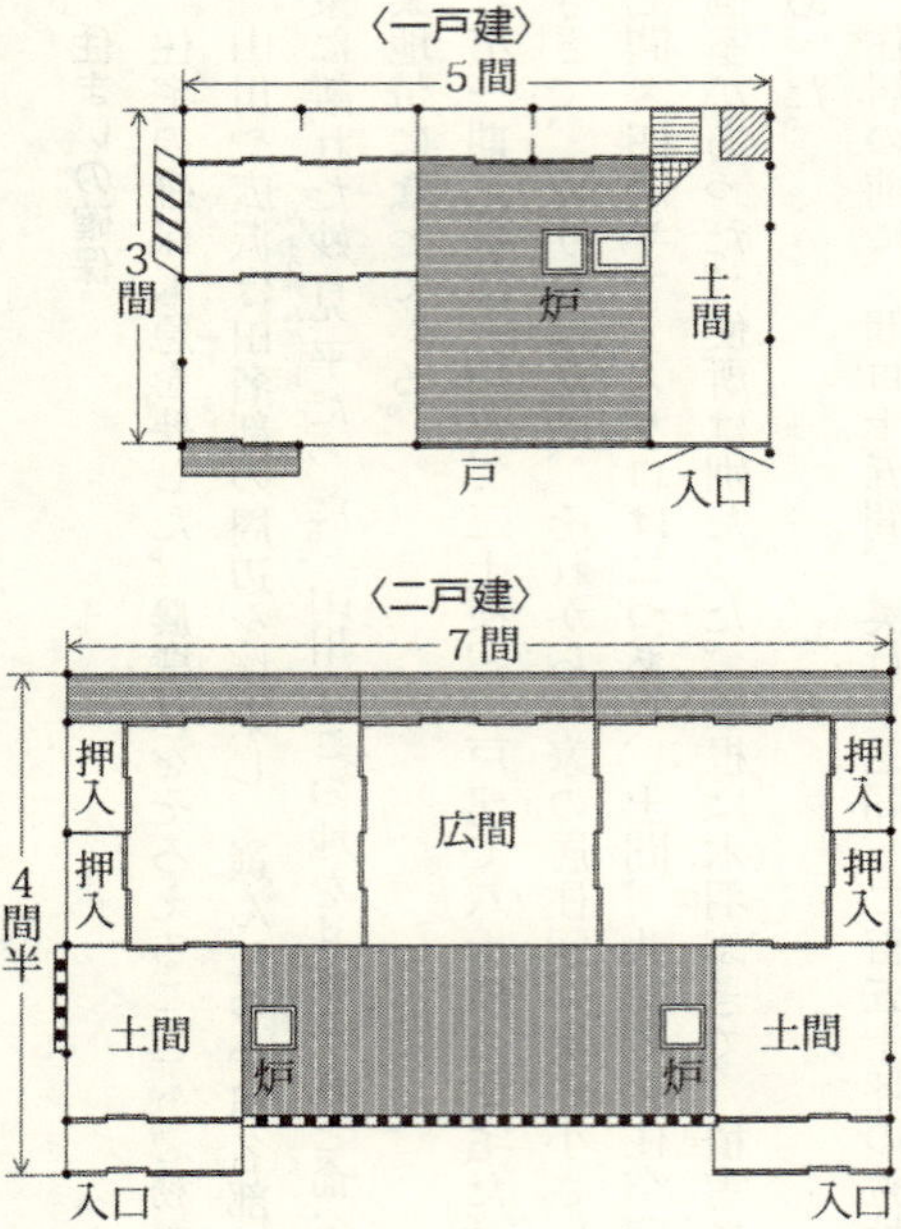

斗南ケ丘の建築家屋間取図（『斗南藩史』）

資金をどのようにして確保するか、これも頭の痛い問題だった。詳細はわからないが、三本木の開拓者新渡戸《にとべ》伝《つとう》は当時、農家一軒の建築費（長さ八間、横三間、大体二十坪余）を二十五両と計算しており、これが一つの目安だった。これから類推すると百二十棟で三千両になる。大きな経費だった。いったい、どこから捻出《ねんしゅつ》したのかはわからない。

斗南藩追悼之碑と「元会藩士」と彫られた墓　斗南ケ丘近くの旧斗南藩墳墓の地に建立された

各地で救貧所もつくられた。生活能力のない移住者を収容して衣食住の面倒を見るとともに、手職を授け、殖産振興の一翼を担ってもらおうと、現在の職業訓練所のような性格を持つものだった。

設置されたのは、田名部や五戸の中《なか》ノ沢《さわ》、三戸の熊野林《くまのばやし》、野辺地などだった。五郎の父は救貧所に出かけて紙すきを習い、わずかの手間賃を稼いだ。兄嫁は授産所で機織りをして工賃を稼いだが、焼け石に水だった。

また三戸では産馬組合付近の熊野林に会津人居留地をつくった。四棟三十戸ほどの長屋である。建築費四百両は三戸の人々が負担した。

南部藩も薩長に刃向かったとして減封されたが、同じ運命をたどった斗南の移住者に対し、地域の人々は深く同情し、寄付金を寄せたのだった。

廃刀令

このような土地で、果たして会津藩の復興が可能なのか。斗南藩の首脳は、日々苦しみ悶《もだ》えた。飢えと寒さに耐えかね野垂れ死にしてしまっては、天下の会津藩の看板に泥を塗ることになる。山川は、まず侍の意識を捨てることだと考え、斗南藩に来てすぐに廃刀令の断行を決断した。刀を差していては農民との間に溝をつくるという判断だった。

会津では武士と農民の間に大きな亀裂《きれつ》があった。京都守護職で使った多額の出費を負担したのは領内の農民だった。

とかく会津藩は農民との間に軋轢《あつれき》があった。戊辰戦争当時、若松城下で傷病兵の治療にあたったイギリスの医師ウィリアム・ウィリスは彼の見聞記「英人医師の会津戦争従軍記」（『英国公使館員の維新戦争見聞記』）にも、

残念ながら、会津藩政の過酷さとその腐敗ぶりはどこでも一様に聞かれた。今後十年、二十年に返済するという契約で、会津藩当局が人民に強制した借款についての話がたくさんあった。

会津の国の貧しさは、極端なものである。屋並は私が日本のどこで見たものよりもみすぼらしく、農民も身なりは悪く、小柄で貧弱な体格であった。この国で生産された米は皆年貢として収めなければならなかった。かくて戦後会津一円でヤアヤア一揆が起こった。夕方、あちらこちらから大勢の群衆の叫喚が伝わってきた。様々な方角に大きな火の手も見えた。（中須賀哲朗訳）

とあった。

ヤアヤア一揆とは、後年つけられた名称で、明治元年（一八六八）十一月、会津藩の圧政に苦しんでいた農民たちが、会津藩が敗れたことで、これまでの不満が爆発し、村役人の家に放火、それは燎原《りょうげん》の火のごとくに広がった。

こうしたことを斗南で絶対に引き起こしてはならない。それが山川の決意だった。武士の時代は終わったのだ。刀を差して歩かなければ人を統治できないと考えている者がいるとすれば、大きな誤りだ。山川は強く説いた。

広沢は農業や牧畜について資料を集め、永岡は水産業や商業の振興について、田名部の有力者と懇談した。この地域を豊かにするには思い切った施策、たとえば海運業を興すなども検討しなければならなかったが、十年、二十年の歳月を見込んで考えなければ、開発などできるものではなかった。

山川の側近たち

山川は事務レベルに多くの側近を配置した。ここが動かないと、何事も進まない。その点、山川は仲間に恵まれていた。各掛の長である大属《だいさかん》は、山川側近の人々で固められた。

司民掛の小出鉄之助《こいでてつのすけ》は、日新館時代、山川の同級生だった。年齢は山川と同じで、成績は小出のほうが上だった。主君の小姓を経て、江戸で古屋佐久左衛門《ふるやさくざえもん》の塾に入り、洋学を学んだ。

青春はときとして意外な出来事に遭遇する。ある夜、同門の塾生と向島《むこうじま》で遊び、放歌高吟して帰るところを、番所で咎《とが》められた。会津藩は規律が厳しい。ささいなことでも藩の名誉を傷つけると即、帰国である。小出にも帰国の命令が出た。

これを知った師匠の古屋佐久左衛門は、脱藩して海外に留学することを勧めた。小出は古屋の意見に従い、横浜から出帆しようとしたとき、戊辰戦争が起こり、戦火は関東から奥羽に広がった。小出は、洋行を断念して、山川のもとに駆けつけた。以来、いつも山川と行動をともにしてきた。生死を超えた親友であった。山川がいかに小出を頼りにしたかは、自分の妹操を小出と結婚させたことでもわかる。仕事が終わると、小出と操は畑を耕し、蕎麦を蒔く日々だった。

学校掛兼司民掛開拓課の竹村幸之進《たけむらこうのしん》は、剣術の名手で、会津戦争のときは狙撃隊長として山川の身辺の警護にあたった。のちに竹村は永岡久茂とともに政府転覆を企て、思案橋《しあんばし》事件で獄死する。何事も情熱でぶつかる青年であった。

会計掛の野口九郎太夫《のぐちくろうだゆう》も行動派の男だった。江戸でフランス式兵法の教練を受け、越後の戦いに加わった。胸部貫通の重傷を受けたが、幸いにも快癒し、会津落城直後、秋月悌次郎と一緒に二人の少年を連れて、越後に脱走した。二人の少年とは山川の弟健次郎と小川亮《おがわりょう》である。ともに藩校日新館の秀才で、会津に同情的な長州藩士奥平謙輔に預けるためだった。野口は会津落城後、東京に潜行、もっぱら会津藩再興の地下活動を行ってきた。二つ違いの弟富蔵《とみぞう》はイギリスの外交官アーネスト・サトウの秘書をしており、それを頼っての潜行だった。会津藩再興と広沢の釈放には、野口兄弟の働きがあったといわれている。

刑法掛大庭恭平は京都時代、会津藩の密偵として暗躍した人物である。柴五郎の長兄太一郎も刑法掛である。広沢子飼いの青年だった。

開産掛雑賀《さいが》孫六郎《まごろくろう》は、榎本武揚の隊に加わり、室蘭《むろらん》の開拓にあたった経験を持っていた。庶務掛には後年、海軍大将となった出羽《でわ》重遠《しげとお》の父佐太郎をすえた。佐太郎は身分が低いために、会津時代、息子を藩校日新館に入学させることができなかった。会津藩は身分制度が厳しく、佐太郎は当初、番頭一瀬監物の与力で、七石二人扶持の軽輩だった。このため、息子を日新館に入学させることができなかったのである。軽輩の子どもは、南学館か北学館に入学するしかなかった。戦後、秋月の世話で静岡で学ぶ機会を得、海軍兵学寮を受験。合格して海軍士官の道を歩む。

広沢と永岡も下級武士の出である。門閥の弊害をいやというほど知っていた。

斗南藩首脳の考えは、どんなことでもよいから、各自が生計の道を立て、「自主の民」となることだった。今や会津人の暮らしは日々の食事にも事欠く流浪の民であった。生活万般を政府の救助米に依存し、さらに地域住民に頭を下げなければ、三度の食事にありつけないのだ。ここから復旧、復興を目指すには、武士を完全に捨てることが必要だった。

第五章　会津のゲダカ

さげすむ目

斗南の会津人は、空腹を満たすためには、なんでも食べた。老幼男女を問わず、手が空いた者は野山に入って蕗《ふき》や蔦《つた》の根を掘って澱粉をとったり、山牛蒡《やまごぼう》、山椒《さんしょう》、ウコギ、アカザ、ゼンマイ、アザミ、アサツキ、ヨモギなどはもちろん、オオバコに至るまで、ありとあらゆる山のものをとった。

山菜ばかりではない。移住者たちは、競って海藻をとり稗や粟飯に煮込んで食べた。日々、山菜とりに明け暮れる会津の人々を見て地元の人々は、「会津のゲダカ」とさげすんだ。「ゲダカ」というのは、下北地方の方言で、毛虫のことである。地元の人々の見る目は厳しかった。端的に言えば、食糧不足のおり、会津人の移住はありがた迷惑だった。

移住者のなかからは、病人や死者が続出した。

斗南藩から大蔵省に提出した明治四年（一八七一）五月十日付の文書のなかに「死者埋葬料」に関する次の書類があった（『青森県史』第八巻）。

　斗南貫属之儀、近来老若男女、胃のなかに蟲《むし》を生じ、日を追って死者の数が多くなっているという趣、申出候に付、時候或は風土の然らしむるにもこれあるべきやと医師どもに相尋ね候処《ところ》、土着の者にはその病気は絶てこれなく、まったく平素の食物が悪く、胃中消化せざるの由ということだった。所詮《しょせん》は、衣食住が十分でなく、わずかの貯蓄もなく皇国中、もっとも不幸な民である。

それは決して誇張でなく、田名部の円通寺（曹洞《そうとう》宗）、常念寺《じょうねんじ》（浄土《じょうど》宗）、徳玄寺《とくげんじ》（浄土真宗）や三戸の悟真寺《ごしんじ》（浄土宗）、玉岑寺《ぎょくしんじ》（浄土真宗）、法泉寺《ほうせんじ》（臨済《りんざい》宗）、五戸の専念寺《せんねんじ》（浄土宗）、高雲寺《こううんじ》（曹洞宗）、野辺地の海中寺《かいちゅうじ》（浄土宗）等、斗南領内の過去帳を調査すると、明治三年から四年にかけて、実に多くの藩士とその家族が死亡していた。死亡だけは免れたものの、病床に横たわる者も多かった。

ちなみに、明治四年六月から十一月にかけての病人の数は次のようになっていた（『青森県史』第八巻）。

田名部
六月より九月まで五百四人。
十月より十一月まで百五十六人。
野辺地
六月より九月まで四百四十九人。
十月より十一月まで百四十七人。
五戸
六月より九月まで五百七人。
十月より十一月まで百三十八人。
三戸
六月より九月まで三百二十七人。
十月より十一月まで百五十六人。
合計
二千三百八十四人。

贋金づくり

このさなかに、衝撃的な事件が起こった。会津人による贋金《にせがね》づくりである。

会津藩は戦時中、海老名郡治《えびなぐんじ》を奉行として鶴ヶ城西出丸に贋金の鋳造所を設け、「御城吹」と称し百二十万両にのぼる贋金を鋳造した。それは一分銀を叩き延ばして三つに切り、それに金メッキをかけたもので、これが全国に大量に流れた。これらの金は一部、斗南にも運ばれた可能性があった。

郷里の若松は、すさんだ町と化していた。まだ焼けあとの生々しい道路上で、白昼、盛んに博奕《ばくち》が行われていた。民政局は「博奕は御制禁である」と布告したが、効果はなく、戦後の会津は無秩序状態だった。開城後、他国から無頼の徒が入り込み、町民や農民を博奕に誘い、贋金をかけては、たくみに本物の金貨を集めていた。そこで刑法官が探索に乗り出したところ、贋金づくりのアジトが見つかった。そこでつくられていたのは二分金、一分銀、二朱金、一朱銀で、その合計金額は十万九千二百十九両二分にも達していた。犯人を検挙したが、首謀者が斗南領に逃亡し、複雑な問題となった。

斗南に逃亡したのは元御金山役佐藤雪之助を筆頭に長岡信治、北見金蔵、赤羽平助、加賀勇吉、森金甚太郎、日下幸八の七人である。彼らはもっとも辺鄙な佐井《さい》村（現下北郡佐井村）

に潜んだ。斗南藩当局もすぐこのことを察知したが、「犯人は見当たらぬ」と政府に報告した。しかし政府の密偵の探知するところとなり、犯人検挙に踏み切らざるをえなかった。

かくて明治四年（一八七一）八月二十六日、一人を除いて日下ら六人は田名部の苫生《とまぶ》野原で処刑された。役人の触れもあり、近郷近在から多数の見物人が集まった。

日下らは会津に残っていたが、日々の暮らしに困窮し、思い余って贋金づくりに走ったのだった。斗南の会津人は同情的で、佐井からは眼前に見える蝦夷地に逃げればよかったのにと話し合った。

軍次の復讐

復讐《ふくしゅう》を実行する若者も現れた。

下北に移住した田辺軍次《たなべぐんじ》は白河の敗北は白坂《しらさか》村の庄屋大平八郎《おおひらはちろう》が裏切って敵に通じ、間道を教えたためだと、思い込んでいた。

真実はさにあらず、会津藩の軍事総督、西郷頼母の采配《さいはい》ミスが惨敗の原因だった。新選組は敵が侵攻してくる那須黒磯《なすくろいそ》方面に前哨《ぜんしょう》部隊を送り、夜襲攻撃をかけることを主張したが、「そのような姑息《こそく》な手段はとらない」と西郷が拒否、白河城に籠《こも》っていたところを襲撃されたのである。

「奴《やつ》を殺してやる」、そう決心した軍次は明治三年（一八七〇）七月、単身、斗南を脱出、物もらいをしながら八月上旬、一ヵ月近い無銭旅行の末に白河にたどり着いた。憎き八郎の様子を聞くと、会津追討の功績で表彰され、今や運送業を営み、白坂村の顔役になっていた。

軍次は八郎を探し出し「汝《なんじ》の不義は天人の憤るところ」と、やおら刀を抜き、左耳に斬りつけた。八郎は血だらけになりながら素手で軍次に立ち向かい、傍《そば》にいた地元の重左衛門が抜刀して、立ち向かった。そのとき、燈火《とうか》が消えたため重左衛門は間違って八郎を刺してしまった。

すかさず軍次が這いずり廻っている八郎にとどめを刺した。軍次も会津武士、このあと自刃して果てた。

この件について新政府から斗南藩に問い合わせがあったが、

「その者は斗南藩士にあらず。耶麻《やま》郡塩川村の肝煎、某《なにがし》の次男なり」

と答えた。これ以上会津が睨まれては、どのような災難が降りかかるかもしれない。そう答えるしかなかった。

少参事の広沢安任は、このままでは斗南藩は持たないと感じていた。斗南移住者の不満は高まる一方で、地域住民との紛争も懸念された。

立ちはだかる壁

それにしても斗南の風土は厳しかった。

斗南藩が藩庁を置いた下北半島の先住民は、アイヌだった。

笹沢魯羊の『下北半嶋史』によれば、中心地、田名部の地名はアイヌ語のタンネ・ベツ、長い川の意味で、タンネ・ヌタプ、長い川の湾曲したところという説もあった。斗南藩領の西一帯は陸奥湾に面し、東北の一部は外海に臨み、海岸線は内湾に沿って七里強（約二十八キロ）、外海に二里弱（約八キロ）が広がっていた。

かつて北陸や上方の商人が、ここに土着し廻船問屋を営み、味のよい陸奥湾の昆布が日本海まわりで上方へ運ばれ、珍重されたといわれたが、幕末には、交易もすたれ、その面影はなかった。

大湊は古くは安渡村といった。大湊港は三方が山に囲まれ、波静かな天然の良港だった。以前は大鍋平《おおなべだいら》といい、アイヌ語のオ・ナム・ぺ・タイ、川尻の冷たい水のあるところという意味だった。

下北半島の西端にあって陸奥湾に臨み、脇野沢《わきのさわ》と小沢《こざわ》の集落からなっている脇野沢村（現むつ市）は、アイヌ語のワ・キサルが語源だった。岸が耳のように突き出ているという意味だった。

村内の九艘泊《くそうどまり》もアイヌ語のクゾーッ泊で、油臭いという意味だった。ここは辺鄙な場所で、南部藩ではここに罪人を流した。九艘泊から牛滝《うしたき》に至る密林には野猿が棲息《せいそく》する。北限の猿だった。

大畑町《おおはたまち》（現むつ市）の地名はアイヌ語のオ・ハッタル（川尻の淵《ふち》）、またはオオ・ハッタル（深い淵）を意味した。南町《みなみまち》は百姓、樵夫《きこり》が住み、メタ町ともいった。これもアイヌ語で清水の湧《わ》く泉、または水を汲《く》む池の意味だった。

風間浦村《かざまうら》（現下北郡風間浦村）は下風呂《しもふろ》、易国間《いこくま》、蛇浦《へびうら》からなっており、下風呂の地名はアイヌ語のスマ・フラである。スマは、岩や石の意味で、フラは臭いの意味だった。易国間はアイヌ語のイ・コッ・クマが語源で、熊の通る凹地、熊の通る谷間だった。

大間町（現下北郡大間町）は、南は大滝山《おおたきやま》によって大畑町に接し、東は風間浦村、西は佐井村に接し、大間、奥戸《おこっぺ》の二つの集落からなっていた。奥戸はアイヌ語のオ・ウコッ・ペで、オは川尻、ウコッは交尾、ぺはする者、またはするところの意味だった。奥戸野は古くからの牧野だった。

東通村（現下北郡東通村）は半島の東にあり、太平洋に面していた。海岸沿いに野牛《のうし》、岩屋《いわや》、尻屋《しりや》、尻労《しっかり》、猿ヶ森《さるがもり》、小田野沢、白糠《しらぬか》の七つの集落があり、内陸部に大利《おおり》、目名《めな》、田屋《たや》、砂子又《すなごまた》、蒲野沢《がまのさわ》の集落があった。

名称は大半がアイヌ語で、目名は枝川、または枝川が大川へ合流する地点の意味。大利はオオ・ライで、オオは深い、ライは死の意味だった。岩屋のイワは祭場のある山の意味、ヤは陸または岸である。尻屋はシリ・ヤ。水際の山、または水際の崖《がけ》の意味。尻労はシッ・ドカリから訛《なま》ったもので、山の手前、または突き当たるという意味だった。

小田野沢はオタ・ノシケで、砂浜の中央の意味。猿ヶ森はサル・カ・モライ、沼地の上のゆるい流れを意味した。

砂子又は古くイサゴ（砂子）といった。エイ・サッコツからきたもので、熔岩《ようがん》または軽石のある沢だが、ひとたび降雨すれば大水が押してくる沢だった。

田屋は古くアベラ（青平）といった。アツ・ピラが語源で、アイヌの着る厚司《あつし》を織る樹皮のなかで、オヒョウタモの皮をアツといった。その樹皮を剝《は》ぎにいく崖を意味した。

生業は出稼ぎ

下北の気候は年中、風激しくて寒く、毎年雪早く降り、雪解けは遅く米はわずかしかとれず、雑穀《ざっこく》蔬菜《そさい》が主な産物だった。このため生業は蝦夷地での出稼ぎ、次は樵《きこり》、漁撈《ぎょろう》だった。

農業は主に女性の仕事だった。

笹沢は享保《きょうほう》五年（一七二〇）、安永《あんえい》九年（一七八〇）、明治十三年（一八八〇）における下北半島の人口動態調査も行っていた。

享保五年の場合、田名部通の家屋数は二千三百二十四軒だった。人口は男一万四千三百二十四人、女一万二千四百七十一人、計二万六千七百九十五人だった。一軒平均十一人強の大家族だった。

六十年後の安永九年の調べでは、家屋数二千九百八十七軒、人口一万七千四百九十三人になり、家数は六百六十三軒増えたが、人口は九千三百二人も大幅に減少、一軒平均六人弱となった。

明治初期、下北半島は村数三十三、戸数四千三百余、人口二万四千四百余だった。そのうち中心地、田名部の戸口は五百九十九戸、人口三千二百十八人だった。

下北の農民にとっての大問題は定期的に襲ってくる飢饉だった。

「ヤマセだおれ」

という言葉があった。作物が病気のために枯死することである。

「ケガジ」

という言葉もあった。飢饉のことである。飢饉の原因は、春から夏にかけて吹く冷たく湿った東よりの風だった。日照不足と低温で農作物が育たず、不作に襲われた。現在は、水稲の品種改良が進み、飢饉に至ることはなくなった。

当時は、水田の九割は稗の栽培で、稲は一割程度だった。稗は冷害に耐える作物だった。しかし定期的に凶作に襲われ、天明三、四年（一七八三、八四）の大凶作では餓死者が続出した。東通では百姓離散、大畑では二十五軒が潰《つぶ》れ、佐井村では農民が松前《まつまえ》に脱走した。

当初、下北半島への移住者は円通寺、徳玄寺、常念寺をはじめ、大畑の各寺院に収容し、残りは数人ずつ町家へ分宿させ、最終的には田名部へ四、五百戸、他は川内《かわうち》、大畑、風間浦、大間、佐井、脇野沢、東通など下北半島にまんべんなく割り当てた。

佐井村や牛滝村は津軽海峡に面し、東に荒沢山《あらさわやま》があり、道路は十分にできておらず、船で渡るところが多く、陸の孤島だった。しかし函館へ二十四海里と近く、函館との交通は頻繁だった。ここは風俗が一変して、衣裳《いしょう》はみな白麻の短いものを着て、横の二幅半の前垂れをしめていた。ときおり海が荒れ、元禄《げんろく》十一年（一六九八）八月十九日には、大暴風が発生し、佐井の港に碇泊《ていはく》中の廻船二十七艘《そう》が破壊され、溺死《できし》五十七人を出した（笹沢魯羊『下北半嶋史』）。

隣の牛滝は南部藩のもっとも辺鄙なところで、重罪を犯した犯罪人はここに送られた。犯罪人は各家を回って仕事を手伝い、衣類や食事を受け取った。ここにも藩士の何人かは割り当てなければならなかった。

とにかく挑戦するしかない。移住者の割り当ては火急を要した。

藩名考

斗南藩という藩名の由来だが、笹沢魯羊は、「北斗《ほくと》以《い》南皆帝州《なんみなていしゅう》」(中国の詩文より)から出たものであると記述した。当然、斗南藩関係者からの聞き取りによるものだろう。中国の『晋書《しんじょ》』天文志《てんもんし》に「相一星、在北斗南」という字句があった。この本は中国の天文学の書籍で、西洋の十二星座に対して、中国は赤道沿いに作られた二十八の星座で、月日を計算し星占いを行っていた。東西南北には神がいて東が青龍《せいりゅう》、北が玄武《げんぶ》、西が白虎《びゃっこ》、南が朱雀《すざく》だった。

鳥羽伏見の戦いのあと、会津藩は兵制を改革し、白虎、朱雀、青龍、玄武の四隊に再編制しており、発想の基本に中国の学問があったことは事実である。したがって、中国の詩文に根拠を求めることはあながち間違いではないが、『むつ市史』の近代編では、「斗南は、南斗六星と結びつけて考えた方がより説得力あるように思えてならない」とあった。

南斗六星とは射手座の中心部を指し、射手が矢を隣のサソリ座に向けているように見える。サソリ座は薩長であり、射手座は会津であるという解釈である。

『野辺地町史』は、「斗南とは外南部《そとなんぶ》をいうなり」という斗南藩大属竹村俊秀《たけむらとしひで》の「北下日記」を紹介している。しかしその一方で「江戸時代、こうした呼び方はない、あくまでも明治以降である」と否定しており、決定的なものではない。

使用時期については「七戸藩日記」に、明治三年（一八七〇）六月四日付の松平慶三郎内、西郷平蔵、古河左馬之助連名の七戸藩庁あての公文書が載っており、そのなかに、「藩名『斗南藩』と唱へ候間、以来は右藩名にて御懸合に及び候間、右様御承知下さるべく候」とあるので、恐らく、斗南の名称は移住と同時に公的に使われたものであろうと察せられる。

一つ参考意見として指摘しておきたいことは、会津を代表する詩人、秋月悌次郎の詩文である。

秋月は慶応元年（一八六五）、藩内事情で蝦夷地斜里《しゃり》（現斜里郡斜里町）の代官に左遷されたことがあった。会津藩は北方警備のために蝦夷地の標津《しべつ》（現標津郡標津町）、斜里、紋別《もんべつ》（現紋別市）の行政を委《ゆだ》ねられていた。斜里は京都と隔たること六百里余、北海には鯨が回遊し、山は深山幽谷で、羆《ひぐま》の巣窟《そうくつ》がいたるところにあった。斜里に着いてさすがに疲れも出たか、秋月は病床に臥《ふ》す身となり、辞世の詩を詠んだ。

京洛斯時合献謀　京都にいたときは、いろいろの政策を献言したが
謫居臥病北蝦洲　今は北の蝦夷地で、病になって床に臥す始末だ
死埋枯骨還非悪　この地に骨を埋めるのも悪くはないだろう

唐太以南皆帝州　唐太《からふと》から南は同じ日本国である

と詠んでいた。

「唐太以南皆帝州」が、ベースになっているといえなくもないが、決定的な決め手ではない。以前から斗南という言い方があったという説も含め、今後の研究に待つ部分が多い。

第六章　廃藩置県

岩倉具視

明治新政府の実力者は、明治天皇を担ぎ上げ、幕府を崩壊せしめた公家《くげ》の岩倉具視《いわくらともみ》が、抜きんでた存在として君臨していた。

岩倉は国家の根本理念をまず定めることを考えた。皇室、陸海軍、学校、道路橋梁《きょうりょう》、堤防の整備、外交の費用、すべてを租税で賄わなければならない。そのためには税制を改正し、士農工商、すべての国民に税金を課す。これが国家経綸の根本である。欧米列強は一年間の経費は数億千万両に及ぶが、わが国はわずかに六千五百万両にすぎない。これでは国家は成り立たないとするもので、そのためには廃藩置県を進めて統一国家を誕生させなければならない。岩倉の思考は革命的だった（多田好問編『岩倉公実記』）。

その第一歩として進められたのが、藩の解体、版籍奉還である。戊辰戦争は勝者、敗者の区別なく、諸藩の財政を急速に悪化させた。軍事費の増大で、藩の収入はどこも危機に陥り、多くの藩が藩体制の維持は困難になった。あわせて、封建的な身分関係が崩れ落ちた。会津藩の場合も農民一揆が頻発し、旧来の身分関係の維持は困難となった。この現象にいち早く着目し、諸藩の力を弱め、新政府のもとに統一する版籍奉還が岩倉具視を中心に、長州の木戸孝允、土佐の後藤象二郎《ごとうしょうじろう》、薩摩の大久保利通、佐賀の大隈重信《おおくましげのぶ》らによって進められ、廃藩置県の機運が急速に高まった。

版籍奉還と廃藩置県は、明治維新最大の功績といってよかった。

明治四年（一八七一）二月八日のことである。三条実美《さんじょうさねとみ》邸に岩倉、大久保利通、西郷隆盛、木戸孝允、板垣退助らが集まった。その席で岩倉から鹿児島、山口、高知の三藩から軍隊を政府直属の親兵として差し出すようにと命令が出された。西郷はすぐに鹿児島に向かい、藩兵を政府に差し出すための手配をすませ、四月二十九日に藩主島津忠義《しまづただよし》とともに上京した。長州からも世子毛利元徳《もうりもとのり》が上京した。

政府に提供した藩兵は、薩摩藩が歩兵四大隊と四砲隊、長州藩は歩兵三大隊、土佐藩は歩兵二大隊、騎兵二小隊、砲兵二隊であった。幕末の朝廷の致命的ともいえる弱点は自衛のための兵力を持っていないことで、幕府と会津頼みだったが、この三藩兵をもって政府直属の常備軍、約八千人がそろった。

岩倉の次の狙《ねら》いは廃藩置県だった。全国いたるところに藩があり、そこに藩主がいて、税金をとっていては、新政府は成り立たない。士農工商の身分を撤廃し四民平等とすることも説得力があった。こうした中央の情勢は、斗南藩にも東京駐在の梶原平馬や八戸藩の大参事太田広城《おおたひろき》から頻繁にもたらされていた。

隣の南部藩は財政が破綻《はたん》し、新政府に政治献金を約束した六十万両はとても支払い不可能だとして自ら廃藩を申し出た。破綻した以上、金は払えない。実に巧妙なやり方だった。

八戸藩大参事太田広城

各藩主も右に倣えで、鳥取藩知事池田慶徳《よしのり》、徳島藩知事蜂須賀茂韶《はちすかもちあき》、松平容保の実兄で名古屋藩知事徳川慶勝《よしかつ》からも郡県制を施行すべきときとなったとの建言がなされた。

山川も広沢もこの流れに賛成だった。財政破綻の斗南藩がどうあがいたところで、一万数千人の斗南藩士の面倒を見ることなど不可能だった。ただし、この改革は現政権の強化につながるものであり、東北は完全に薩長藩閥政権に組み込まれることを意味した。それが残念だった。

久光大憤慨

一人、廃藩置県に反対したのは薩摩の最高実力者島津久光《ひさみつ》だった。明治維新を成し遂げたのは長州と薩摩ではないか。その薩摩藩をつぶすとは何事か。久光は怒り狂った。賢い西郷は雲隠れし、久光との接触を避けていた。

明治四年（一八七一）七月十四日、在京の旧藩主が皇居に召集され、天皇が出御して廃藩置県が宣告された。最初に皇居に招かれたのは鹿児島、山口、佐賀、高知の藩知事で、次に名古屋、熊本、鳥取、徳島だった。斗南は最後のほうだった。旧藩主は、版籍奉還のさい、藩知事の名称を与えられていたが、今後は中央から県令が派遣され、統治にあたることになった。王政復古に次ぐ第二のクーデターだった。

廃藩置県の報を受け取った久光は、この日の夜、磯《いそ》の別邸で、鹿児島湾に盛大に花火を打ち上げて、西郷を罵倒《ばとう》し、怒りを爆発させた。西郷は久光らの怒りを鎮めるために、藩主をその領地の知事、地方長官に任命し、形式的に知事に領地を所管させることにしたが、それは気休めの策だった。

新政府の役人らは、豪華な邸宅に住み、大人数の使用人を雇い、美妾《びしょう》を蓄えるなど、まるで旧大名さながらの生活をしているとも伝えられた。また、権力を笠《かさ》に着て、民に対し横暴な処置や振る舞いをする者も多かった。すべては薩長中心の新政府高官による政治であり、「賞典禄《しょうてんろく》」や「位階《いかい》」を与える形での論功行賞も、薩摩と長州出身者に厚く、他藩の者は軽んぜられた。

斗南藩は斗南県となったが、山川は各地に不平不満が渦巻いており、いずれ政変が起こる、そのとき、我々は反政府の行動を起こす、そう考えていた。

藩内には、斗南移住の失敗を叫ぶ声も公然とあがり、「山川を斬れ」と、ひそかに画策する者もいた。広沢は「山川さんを斬ったところで、どうなるんだ。斬るなら俺《おれ》を斬れ」と叫んだ。

問題は廃藩置県のあり方だった。斗南は気候不順、未開の地が多すぎ、とても生計が成り立たない。この際、県同士が合併し、三沢や八戸など温暖なところを含めて考えないと、斗南の発展は望めないと広沢は抜本的な現状打破を考えた。

南部と津軽

広沢の試案は弘前、黒石《くろいし》、八戸、七戸、斗南の五県を合併させれば大県になり、産業の開発も効率よく進み、ここに住む人々の生活のメドも立つというものだった。

問題は南部と津軽の対立である。

中世には南部氏は現在の岩手県の中部、北部と青森県全域を支配しており、強大な権力を保持していた。ところが戦国時代に南部氏の一族である津軽の大浦為信《おおうらためのぶ》が南部氏に反旗を翻し、南部氏から離脱した。それ以来、南部と津軽はことごとく対立した。戊辰戦争のときも南部は会津に味方したが、津軽は奥羽越列藩同盟を離脱して薩長についた。

新政府の信任が厚い津軽についたほうが、なにかと有利になることも自明の理であった。

広沢は行動の人だった。廃藩置県直後の明治四年（一八七一）七月二十三日、広沢と太田広城が大久保内務卿の官邸に出頭した。『青森県史』第八巻所収「八戸藩末地の偉材太田広城」に、このときの模様が大要、次のように記されている。

太政官は明治四年七月二十三日、二人を太政官へ召喚し、弁事田中不二磨《たなかふじまろ》、内田政風《うちだまさかぜ》が南部藩、津軽藩の国情や地勢、そして五県合併の建議に対し詳細な諮問をおこなった。また二十五日には大蔵省が二人を召喚し、大丞林友幸《はやしともゆき》の諮問があり、後に五県合併となった。

田中は尾張《おわり》、内田は薩摩、林は長州出身の官僚である。広沢はすべてを説得し、五県合併を実現した。県庁が弘前では南に偏りすぎるとして、広沢は県のほぼ中央に位置する青森に県庁を移す案を提示した。県名は青森県とし、弘前、田名部、七戸、八戸、五戸には支所が置かれた。初代青森県知事に旧佐賀藩士の野田豁通が着任した。野田は旧斗南藩士の開拓中止を発表、移住の自由を認め、自立を促した。

「何のための斗南藩だったのか」

斗南の会津人は、しばし呆然たる気持ちだったが、広沢はこれを自立の好機到来と前向きに考えた。ここに縛りつけられて開拓に従事しても所詮は無理なことだった。

これを受けて野田が大久保と立案した旧斗南藩士の救済策は次のようなものだった。

旧斗南藩士への布告

一、明治六年（一八七三）三月末日をもって、手当て米の支給を廃止する。斗南ヶ丘の開拓も中止する。

一、商業、工業、漁業等への転換を認め、移住も自由とする。

一、移住希望者には一人に付き米二俵、金二円、資本として一戸に金十円を支給する。

一、管内での自立希望者には、一人に付き米五俵、金五円、一戸に付き五円を支給する。

一、開拓は三本木原一ヵ所とし、移住希望者は永住し、農業を続ける旨の誓約書を出す。

ただし、一戸のなかに強壮な男子一名か婦人二名以上がいることを条件とする。入植者には一戸平均三百六畝《せ》余の田畑を支給する。

こうして斗南藩はわずか一年半で終焉《しゅうえん》した。

廃藩置県の直後、青森県知事野田豁通が大蔵省に提出した書類は衝撃だった。そこには、「旧斗南藩士一万三千二十七人のうち三千三百人は各所出稼、あるいは離散、老年ならびに廃疾の者六千二十七人、幼年の者千六百二十二人、男子壮健の者二千三百七十八人」という惨憺たる数字が示されていた。

当初、斗南に移住した会津人は一万数千人である。二年の間に一万三千人に減り、そのなかからさらに三千人が出稼ぎで姿を消したことになる。その結果、全体で一万人に減り、しかも六千人が病人または老人という驚くべき数字であった。

容保、斗南へ

このとき、容保は現在の日比谷《ひびや》公園の池のそばにあった旧狭山《さやま》藩知事宅に居住していた。会津に同情する諸藩から月々、見舞金も寄せられ、なんとか暮らしていた。藩知事で嫡子の容大のことも気になるが、皆の苦労が手にとるように脳裏に浮かび、容保は矢も盾もたまらず、養子の喜徳《のぶのり》を連れて、下北へ旅立った。陸路では一ヵ月はかかる。北海道行きの汽船を探して、これに乗った。長い航海だったので、何度も暴風雨に遭い、その都度、苦しみ、死人のように横になった。喜徳は若いせいか、すぐ船旅に慣れたが、容保は船酔いが一向に治まらず、佐井の港についたときも足がふらつき、目が回った。

いつ、どこから出帆して、何日かかったのかの記録は見当たらないが、『佐井村誌』下巻に明治四年（一八七一）「七月二十日、容大の父容保は箱館から佐井に上陸し、田名部の円通寺に入った」とある。

山川が佐井の港で容保一行を迎え、同道した。沿道には旧家臣が集まり、いたるところで涙、涙の風景が見られた。皆、どことなく痩せ衰え、すっかり年をとり、苦労のあとがしのばれ、胸が痛んだ。

息子の容大は寺の人々に慣れ、屈託ない表情で遊び回っていた。容保の顔を見ても、誰であるかわからず、容保を苦笑させた。容保が来たというので、下北のあちこちから藩士たちが駆けつけ、なかには境内に座り、手を合わせてひれ伏す者もいた。

「そんなところに、座らずともよい。近う寄れ」

容保は訪れるすべての人に、手を差し伸べ、言葉をかけた。人々は流れる涙をふこうともせず、じっと地べたに座りつづけた。皆、衣服は粗末で、子どもたちは裸足《はだし》であった。肩で風を切って、京の町を歩いた会津藩士の面影はどこにもなく、容保も、いうべき言葉がなく、涙がこみあげるばかりだった。天下に、その名をとどろかせた会津藩士が、今や難民と化していた。

われら朝敵にあらず

容保は、ここに一ヵ月滞在して、藩士たちを慰労し、田名部から野辺地、七戸、三戸、五戸を通り、容大を連れてふたたび東京へ向けて出立した。出立の日、田名部日新館の子どもたちが、円通寺の境内に並び、君公親子を見送った。皆、ワーと泣きだし、斗南の地にくることはもうあるまいと思うと、下北の山野が目にしみ、釜臥山《かまふせやま》が二重にも三重にもかすんで見えて、せつなさは、言葉に表せないほど辛《つら》いものがあった。

前日、容保は旧藩士一同に容大の名で次の布告を出した。

このたび余ら東京へ召され、永々、汝らと艱難《かんなん》をともにするを得ざるは、情《じょう》において堪え難く候えども、公儀のおぼし召しのあるところ、やむを得ざるところに候。これまで賎齢《せんれい》をもって重き職に奉じ、ついにお咎めも蒙《こうむ》らざるは、畢竟《ひっきょう》汝ら艱苦に堪えて奮励せしが故と、歓喜このことに候。この末、ますます御趣意に遵《したが》い奉り、各身を労し、心を苦しめ、天地《てんち》罔極《もうきょく》の恩沢《おんたく》に報い奉り候儀、余が望むところなり。

八月二十日

松平容大

これを聞いて集まった人々は声をあげて泣いた。

容保は性格的にやさしい人物だった。非情に徹しきれない容保の弱さが、会津藩を敗者に追い込んでいった、という見方もある。歴史に「もしも」は許されないが、鳥羽伏見の戦いのとき、容保があくまでも大坂にとどまり、城を枕《まくら》に戦えば戦況はどうなっていたかわからなかった。

容保にも言葉にならない、数々の苦しみがあった。その苦しみが表情に出ていて、容保を目の前にすると、藩士たちは一様に口をつぐみ、己の責任を感じ、誰一人、容保の非を語る者はいなかった。西南諸藩では藩公を旧体制のシンボルとして排撃したが、会津藩ではどのような状況になろうと主君に対する畏敬《いけい》の念は変わらなかった。

明日からはそれぞれが、自らの判断で生きてゆかなければならない。いったい、どうなるのだろうか。皆、顔を見合わせ、手を握り、あるいは肩を抱き合って涙を流した。

この日を境に幹部の多くは青森の地を去り、一人、広沢がこの地に残った。山川と永岡は東京へ、梶原平馬、雑賀孫六郎、大庭恭平らは海を渡って北海道に新しい活路を求めた。斗南に残る者、ここを去る者、どちらも不安だらけの再出発だった。

斗南藩の評価

宮崎道生の『青森県の歴史』に、斗南藩の評価が描かれている。宮崎は東京大学文学部国史学科卒、旧制弘前高校教授を経て弘前大学、岡山大学、國學院大学の教授を歴任した新井白石《あらいはくせき》の研究者である。

宮崎はこう述べた。

イギリス公使パークスは、明治四年（一八七一）の廃藩置県が予期に反して内戦を引き起こすことなく、平穏のうちに実行されたのを見て世界史上稀有《けう》のことだと驚き、まさに天佑《てんゆう》だと感嘆したが、しかし明治維新は先覚者・志士たちをはじめ、多くの人々の尊い犠牲のもとに成立したのであって、決して無血革命ではなかった。青森県においても事情は同じで、対外的にはロシア船の来航により北門に警鐘が鳴らされて以来、津軽・南部の藩士たちは蝦夷島警備を命ぜられて出兵し、北海道のみならず千島《ちしま》の択捉島《えとろふとう》にまでおもむいて、同地で戦病死した人が少なくないと同時に、国内的には戊辰戦争の一連の戦いのなかで東北他地域の場合と同様、これまた多数の戦死者を出しているのである。

すなわち、以下において見るように、奥羽越列藩同盟が破れたことによって東北の藩同士で戦いがおこなわれるという悲しむべき事態も発生するのであって、身近なところでは津軽藩兵の庄内出兵のこともあれば、南部、津軽両藩の戦闘、野辺地戦争なども起きたのである。しかも、これら戦争のあいだに単なる多人数の死というだけではなく、有為の若者が散華したことは重大な損失といわなくてはならない。

なんといっても犠牲の大きかったのは会津藩であり、庄内藩がこれに次ぎ、盛岡藩も大きな痛手を受けたが、会津藩の左遷は意外な結果をもたらした。この処置は会津藩士らに最大級の苦悩を負わせたとはいえ、青森県のその後の歴史に大きな足跡を印することになったという点で意義深いことだった。そしてまた、上記諸戦争に参加して幸い命を全うした青年が、複雑深刻な戦争体験をもち、苦難の日を生き抜いたことから、やがては、たとえば山川健次郎（会津）、原敬《はらたかし》（盛岡）や、青森県の太田広城、広沢安任、本多庸一《ほんだよういつ》らのような第一級の学者、宗教家、政治家を生むことにもなるわけである。

これは非常に温かく、思いやりのある言葉だった。平民宰相原敬も一度、三沢の広沢牧場を訪ね、広沢の苦悩の日々を聞いていた。

戊辰戦争では南部藩も大きな犠牲を払っており、原敬は、東北を蔑視《べっし》する賊軍という言葉に怒りを覚えていた。原敬は総理になる直前、盛岡で「戊辰戦争は政見の異同のみ。誰が朝廷に弓をひく者あらんや」と演説したが、演説のベースには、会津人の苦しみもあったのではないかと、推察される。

恩人新渡戸伝

広沢は、自分は斗南に残ることを宣言し、病人をかかえて動けないなどの理由で斗南に残る人々の仕事探しに奔走した。資金援助も含めて積極的に支援してくれたのは、十和田開拓の功労者七戸藩大参事新渡戸《にとべ》伝《つとう》だった。「武士道」を世界に広めた新渡戸稲造《いなぞう》の祖父である。

新渡戸は眼光鋭く、矍鑠《かくしゃく》たる老人で、年齢は七十代だったが、年を感じさせない若さがあった。

先に紹介したように、「七戸のあたりに三本木台という野原がある。唯平々たる草原で、四方目にさわるものはない。その間、人家はなく、樹木も一本も見えない。実に無益の野原である」と、橘南谿の『東西遊記』にある。以前、ここには三本の木しかなく、そこから三本木とつけられたという逸話があるぐらい、なにもない原野だった。そこを開拓したのが新渡戸だった。

新渡戸は寛政《かんせい》五年（一七九三）に、現在の岩手県花巻《はなまき》市に生まれた。八歳のとき、藩主南部利敬《としたか》にはじめてお目見えしている。利発な少年だった。しかし父君治は南部藩の内紛に巻き込まれ、下北半島に流された。新渡戸も下北に移り、侍をやめて商人になり、奮起して十和田の開拓に成功した人物だった。

苦労人だけに広沢の苦悩が手にとるようにわかり、従来から鎌《かま》や鍬《くわ》、鋤《すき》などの農機具を提供してくれ、さらに今回の廃藩置県で、帰農を希望する人を受け入れることも約束してくれた。

広沢は意志の強い強情な人間で、決して人に涙を見せることはなかったが、このとき新渡戸の前で号泣したという話が伝えられている。こうして広沢は帰農を希望する人に三本木での開拓の道筋をつけた。

新渡戸伝

雪に埋まる

廃藩置県になっても斗南の会津人は、まだ迷っていた。会津に戻ったところで、家も土地もない。北海道に渡るにしても生活のあてはない。広沢安任に身を任せて三本木に移住し、農業を始めるか、日々、迷いに迷っていた。

荒川類右衛門の一家も、まだ妙見平にいた。会津に引き揚げたところで、どうなるものでもない。帰る資金もなかった。

そんななか、明治五年(一八七二)の十二月五日、下北はこれまで経験したことのない、すさまじい冬の嵐《あらし》に襲われた。家屋が倒壊し、大勢の死者が出た。もはや、ここに住むことはできない。類右衛門は会津若松に出稼ぎに出ることを決意した。

類右衛門は長女のサタを残して妻と長男、二男、二女を連れ、翌年春、会津若松へ帰った。懐かしい故郷ではあったが、会津若松の暮らしも地獄だった。

驚いたことに、あちこちに遊女屋があり、町はすさんでいた。住む家も耕す畑もない。無職であることには、なんら変わりはない。もはや完全に棄民であった。類右衛門は斗南帰りの人々と共同の長屋を借り、張り子を作ったり、傘を張ったり、目立てを業として、なんとか食い扶持を稼いだ。

下北に残してきた長女サタも会津へ戻り、一家六人の暮らしが戻ったが、病がちの長男秀太郎の具合が悪くなり、明治七年八月に、痢病にかかって死亡した。わずか十四歳。類右衛門は妻の手をとって、三日三晩泣きつづけた。

妻はめっきり元気がなくなり、食事もできなくなった。それを見て長女も痩せ細っていった。二人は相次いで立てなくなり、相次いで病死する不運に見舞われた。

類右衛門は、この世を呪《のろ》いつづけた。

第七章　揺れ動く心

こみあげる悔しさ

廃藩置県後、東京に出た山川浩は浅草《あさくさ》区永住《ながずみちょう》町の観蔵院《かんぞういん》の一室に住んだ、母と妹常盤との三人である。浪人中の山川は鬱々《うつうつ》として、表情も暗かった。我慢がならないのは、新政府の会津藩に対するあまりにもひどい仕打ちだった。

本州最北端への移住は、薩長の悪意に満ちた犯罪行為だった。一万数千人の旧藩士と家族は、極貧の暮らしに追いやられ、木戸孝允や大久保利通が救いの手を差し伸べることは皆無に近かった。かくなるうえは反政府運動を起こすしかない。山川と永岡久茂は、しばしば会って怒りをぶちまけ、二人は、反政府運動を展開する覚悟を固めるに至った。

ただ山川の場合は依然、旧会津藩の代表者であることに変わりはなかった。斗南や会津若松から山川を頼って上京する若者が後を絶たず、貧乏住まいにはいつも会津の若者が転がりこんでいた。こうした若者をなんとか一人前に育てなければならない。山川には二重、三重の重圧がかかった。

柴五郎もその一人だった。五郎は賢い少年だった。学費無料の陸軍幼年学校を目指して勉強し、明治六年（一八七三）、見事に幼年学校に合格した。

五郎だけではない。そうした少年が三人も四人も押しかけていた。海軍兵学寮、慶應義塾、大学南校などを目指す若者もいた。

自分は何をなすべきか、山川は焦りを感じていた。いずれにせよこのまま黙っていることはできない。会津人を地獄に追い落とした長州の木戸孝允の首をとる。ひそかにそう思っていた。山川はときおり監視の目を意識した。黒い影が自分に付きまとっているように感じた。

政府首脳は、会津の動きを厳重に監視していた。狙われたのは山川と永岡久茂だった。永岡は下野した佐賀の副島種臣《そえじまたねおみ》、土佐の板垣退助らと親交を結び、各所で堂々と薩長批判を繰り広げていた。

山川は小細工を嫌った。会津人の処遇の改善を参議大隈重信に陳情したが、にべもなく断られた。こうなったら行動を起こすしかない。山川は大胆不敵にも敵の本丸、鹿児島に潜入、海江田信義《かえだのぶよし》を頼った。薩摩の最高実力者島津久光の側近である。

久光は廃藩置県を強行した大久保を嫌い、

「士族の家禄を補償せよ」

と叫んでいた。山川はこのとき鹿児島県参事の大山綱良《おおやまつなよし》とも面談したと伝えられている。山川の話がどのようなものだったのかは、記録になくわからないが、いざとなれば薩摩の反乱に会津が加勢するという申し出に違いなかった。

密偵荘村省三

山川を監視していたのは、旧熊本藩士の荘村省三《しょうむらしょうぞう》だった。荘村は若いころ、横井小楠《よこいしょうなん》に師事し、さらに高島秋帆《たかしましゅうはん》の高弟である砲術家池部啓太《いけべけいた》の門人となり、池部とともに藩から江戸での西洋砲術指南を命じられた男だった。

文久三年（一八六三）には藩命で長崎に赴任、立教大学創立者のウィリアムズによる洗礼を受け、木戸孝允や坂本龍馬などとも交流があった。このような知識人がなぜ密偵になったのか。それは、太政大臣三条実美の差し金によるものだった。自分を殺す奴がいるとすれば、それは会津人に違いない。木戸だけではない。三条にもそういう思いがあった。

山川の動きは、筒抜けだった。政府部内では山川を薩摩の不平分子から切り離す工作が進んでいた。会津が仮に薩摩士族と手を結ぶとなると事態は容易ではなくなる。大久保らは会津の懐柔に乗り出した。工作にあたったのは土佐の谷干城だった。

谷干城

谷は天保八年（一八三七）、儒学者谷万七《まんしち》の子どもとして土佐に生まれた。江戸に出て剣術を学び、帰国して武市半平太《たけちはんぺいた》と知り合って尊王攘夷運動に傾倒するが、慶応二年（一八六六）、長崎で、後藤象二郎や坂本龍馬と交わって攘夷の不可を悟り、討幕に身を投じた。龍馬を尊敬し、龍馬が暗殺されたときには、真っ先に現場に駆けつけ、瀕死《ひんし》の状態にあった中《なか》岡慎太郎《おかしんたろう》から龍馬暗殺の経緯を聞いていた。犯人は京都見廻組にあらずというのが谷の見方だった。戊辰戦争では日光口で山川浩と戦い、一進一退の激戦を演じた。山川の名前はそのときから知っていた。

谷から呼び出しを受けた山川は、不思議な運命を感じた。戊辰戦争を戦った敵将から勧誘を受けたのである。

谷はこのとき、三十六歳、陸軍裁判所所長の任にあり、公平な裁きで信が厚く、陸軍部内に、それなりの人脈を持っていた。谷は陸軍裁判所に出頭した山川を温かく迎えた。

「若いころはよく遊び、奥州郡山の安積艮斎《あさかごんさい》先生に学んだこともあった。拙者もコチコチの攘夷論者で、長崎から上海《シャンハイ》に出かけたおり、坂本龍馬先生に攘夷ではない、討幕が先だといわれ、貴殿らと戦うようになった。聞けば貴君の弟や妹はアメリカに留学しておるそうではないか。どうです、浪人しているよりは、政府に勤めて国家に尽くしてはくれぬか。自分の力は微々たるもので、判任官までしか保障はできぬが、命をかけて戦った相手と仕事をしてみたい」

山川は谷の率直ない方に驚いた。多くの部下をかかえている山川である。たしかに弟の健次郎、妹の捨松もともに留学して政府の世話になっている。これも運命かもしれない。山川は谷に下駄《げた》を預け、陸軍に職を得た。

征韓論

明治政府を震撼《しんかん》させる征韓論《せいかんろん》が起こったのは、このときである。

韓国は日本政府との修好条約の背後に、欧米列強があるとして警戒し、排日政策をとった。政府が外交交渉による打開策をとったのに対し、西郷は武力侵攻を主張、佐賀の江藤新平《えとうしんぺい》も明治六年（一八七三）十月下野し、世情騒然となった。

山川は征韓論による政変の直後に熊本鎮台への転属を命じられたものの、赴任を遅らせていた。情勢がどうなるか読めない部分もあったからである。

鹿児島に帰国した西郷らの反乱は必至と見た政府は、熊本鎮台の強化に乗り出し、谷を鎮台司令長官に命じた。谷は山川に同行を求めた。山川にとっては、またとないチャンスであった。西郷軍には戊辰戦争を戦い抜いた強者《つわもの》がそろっている。これとまともに戦えるのは、長州と会津だ。会津武士の強さを、ふたたび天下に示す好機到来である。山川は同行を決断した。

熊本鎮台参謀

明治六年（一八七三）十二月三十日、山川は陸軍少佐を命ぜられ、熊本鎮台参謀に抜擢されて赴任した。熊本鎮台は鹿児島と佐賀の二つの不穏地帯をかかえ、極度に緊張が高まっていた。鹿児島の西郷は動きが緩慢だったが、佐賀の江藤のほうは、一触即発の状態である。

山川は赴任にあたり、佐賀県庁に義弟である小出鉄之助を送りこんだ。変化に瞬時に対応するためには、有力な情報源がいる。小出ならば絶対であった。

小出から「江藤の蜂起《ほうき》が近い」との急報を受けた山川は、自ら佐賀への出兵を希望した。このとき、熊本鎮台で暴動が起こり、数十人が捕らわれて監獄にあった。山川は悔悟《かいご》している七十余名を佐賀に投入すべしと建議した。

谷の許可を得た山川は彼らを率い、佐賀県庁に向かった。山川は二人の副官を帯同した。会津出身の小川亮と小川早次郎である。小川亮は山川の弟の健次郎と一緒に越後に脱出させ、奥平謙輔に預けられていたが、歯を食いしばって勉学に励み、陸軍士官学校を卒業、陸軍工兵少尉として将来を嘱望されていた。

暴動鎮圧のため新たに土佐の岩村高俊《いわむらたかとし》が佐賀県権令《ごんれい》に任命された。岩村は長岡藩家老河井継之助との会談を決裂させ、越後を戦争に引きずり込んだ男である。

「半大隊二百ほどの兵があれば、どこから襲って来ようが、恐るに足りぬ」

と鎮台兵を率いて佐賀城内にある佐賀県庁に乗り込んだ。

山川負傷

明治七年（一八七四）二月一日早朝、江藤軍が県庁を襲撃した。反乱軍は約二千五百人の大軍だった。四百人たらずの鎮台兵では、とても防ぎきれない。食糧や弾薬も足りない。四日目に食糧が尽きた。かくなるうえは食糧調達作戦に踏み切るしかない。

山川は県庁近くの米蔵に調達に出た。副官の両小川と人夫三十名ほどを率い、夜の闇《やみ》にまぎれて忍び込んだが、敵兵に見つかり、突然、乱射された。人夫は蜘蛛《くも》の子を散らすように逃げ惑い、山川と副官は十人たらずの兵と取り残された。

山川は人家に潜み、応戦したが多勢に無勢、敵の一弾が山川の左手を貫通した。山川は顔をゆがめて昏倒《こんとう》した。副官の小川亮が戸板を探し山川を乗せ、人家伝いに城を目指し、どうにか戻ることができた。幸い、城内に外科医がいたので、山川は処置を受け、命に別条はなかったが、敵の包囲は厚く、このままでは落城も時間の問題だった。

十八日朝、反乱軍が総攻撃を仕掛けてきた。大砲が撃ち込まれ、あちこちに火の手があがった。このまま一気に攻め込まれては全滅である。

小出の死

このとき、小出が県庁の城門を躍り出て、あらん限りの銃弾を浴びせたあと抜刀して、まっしぐらに敵兵のなかに突っ込んでいった。小出は二度と戻ることはなかった。

小出は鳥羽伏見、日光口と一緒に戦った山川の無二の親友だった。しかも妹の夫でもあった。包囲を突破した山川は、それから数日間、まるで別人のようにうち沈み、暗い顔で過ごした。頬《ほお》はげっそり痩せ、昼も夜も陸軍病院のベッドに横たわっていた。左手の傷も悪化し、一向に快復しない。山川は谷干城の勧めで帰京し、本格的に治療を受けることになった。

佐賀の乱は、不平士族の蜂起で、前参議江藤新平が指揮をとったが、封建制への復帰を求める一団もあり、内部はバラバラだった。

江藤は薩摩の西郷の蜂起に期待をよせたが、西郷は動かず、電信による情報力、汽船の輸送力などを活用した政府の素早い対応に鎮圧され、四月に処刑された。

後日わかったのだが、小出は敵に捕らえられ、獄門にさらされた。これを見つけた出入りの商人が死骸をもらい受け埋葬、のちに小出の弟喜助が遺品を東京に運び、葬った。『若松市史下巻』人物編に、小出の人柄が記されている。少年時代、主君の小姓を務め、のち江戸で古屋佐久左衛門の塾で洋学を学んだ俊英だった。享年三十八。小出の死は、山川の心に深い傷跡を残した。

六年ぶりの会津

左手の傷が回復した山川は、主君容保とともに故郷の会津若松を訪ねている。実に六年ぶりの帰郷である。白河まで何人かの家臣が出迎えた。皆、土下座し声をあげて泣いた。誰もが、ただ泣くだけだった。容保の会津入りは公にはされなかったが、容保も山川も感無量であった。

若松城址は、冬空に、くっきりと浮かび、容保も涙が止まらなかった。仮設の掘っ立て小屋しかなかった目抜き通りも、藁屋根ではあるが家が建ち並び、人力車が走り、物売りの姿もあった。

旧人参会所に設けられた面会場には、引きも切らず人々が訪れた。容保は戦争で夫を亡くした婦人には親しく声をかけ、励ました。

会場は何人もの官憲が目を光らせており、容保の行動は著しく制限されたが、旧会津藩主従は手をとり合って涙にむせんだ。

容保は元若年寄の諏訪伊助《すわいすけ》の家に一ヵ月ほど滞在した。半月という説もあり、確かなことは不明だが、若松の町は、心なしか賑《にぎ》わいを取り戻し、人々の表情に笑顔があった。斗南で食うや食わずにいたころを思うと、隔世の感であった。

会津雪辱の日

明治九年(一八七六)は日本大動乱の日々だった。

十月には熊本藩の旧藩士が神風連《しんぷうれん》(敬神党《けいしんとう》)の乱を起こし、熊本鎮台に乱入、これに続いて秋月《あきづき》の乱、萩《はぎ》の乱と反乱が起こり、明治政府は最大の危機を迎えた。

柴五郎が在籍する陸軍幼年学校も大混乱だった。薩摩出身の生徒は、薩摩屋敷と称する永《なが》田町《たちょう》の寄宿舎に合宿し、暑中休暇が終わっても帰校しなかった。皆、西郷のもとにはせ参じたのだった。

五郎は翌十年二月二十日、日記に次のように書いた。

「真偽未《いま》だ確かならざれども、芋(薩摩)征伐仰せ出されたりと聞く、めでたし、めでたし」

二十二日、学校長より、

「鹿児島県人、武器を携え、熊本県へ乱入の犯跡顕然たるに付、征伐仰せ出され、有栖川《ありすがわ》二《に》品《ほん》親王征討総督仰せ付けらるる旨、京都行在所《あんざいしょ》より去る十九日伝達あり」との布告。

三月十六日、学校長より、

「巷間《こうかん》の風説に動かされ、（中略）学業を怠り後悔するなかれ」

と訓辞があった。

三月二十日には在京の諸兵、教導団生徒、士官生徒などすべてをくりだし、幼年生徒も出場して日比谷練兵場に集合、街頭を行軍して越中島《えっちゅうじま》で戦闘演習を行った。外国公使、館員等をも招待観覧させた。

二十七日には兄四朗の書が届き、

「今日薩人に一矢を放たざれば、地下にたいし面目なしと考え、いよいよ本日西征軍に従うため出発す。凱旋《がいせん》の日面会すべし。学業怠るなかれ」

と告げていた。

病弱の四朗が床を蹴っての出陣となれば、まことに心痛のきわみだった。ただただ無事凱旋することを祈るばかりだった。

風雲急を告げ、四月十一日、士官学校第二期生は全員が見習士官を命ぜられ、幼年学校生徒にも銃器が渡され、操法の訓練が始まった。

永岡久茂の動きも激しくなっていた。

永岡は一度、田名部支庁長になったが、間もなく辞職して上京、山川の世話で浅草菊屋《きくや》橋通《たちばなどお》りに住まいし、薩摩人海老原穆《えびはらぼく》と『評論新聞』を創刊、反政府運動を繰り広げていた。斗南時代、学校掛兼司民掛の責任者を務めた竹村幸之進も、これに加わっていた。

永岡は一時期、副島種臣、板垣退助らと親交を結び、伊藤博文《いとうひろぶみ》や井上馨《いのうえかおる》から仕官を勧められたが、これを断り、反政府運動の急先鋒である長州の前原一誠《まえばらいっせい》と組み、激しく論陣を張っていた。

「俺は戦場で死んでいった多くの仲間たちのためにも、奴らに頭を下げることはできぬ。斗南もひどすぎた。俺は命をかけて、仲間の恨みを晴らす」

それが永岡の持論だった。

山川は、それにのめり込みそうな誘惑にかられたが、もはや明治政府に仕える身である。黙って永岡を見つめるしかなかった。

永岡は過激な論調で再三、発禁処分を受けたが、『文明新誌』など新しい雑誌を発行、頑強に政府攻撃を続けた。

明治九年（一八七六）十月二十八日、ついに前原一誠が蜂起した。萩の乱である。

前原は明治政府の参議、兵部大輔の要職にあったが、これを辞職し、蜂起した。前原は松下村塾《しょうかそんじゅく》時代、高杉晋作《たかすぎしんさく》、久坂玄瑞《くさかげんずい》と一緒に学び、

「久坂は防長第一の俊才、高杉は胆略《たんりゃく》絶世《ぜっせい》の士、前原は完璧《かんぺき》な人物で、久坂も高杉も人間的には前原に及ばない」

と吉田松陰《よしだしょういん》が評した大器だった。

前原は木戸孝允、伊藤博文、井上馨の三人を長州の三姦《さんかん》と呼び、彼らは権力の亡者である、これらを葬らなければ日本は悪くなる、と批判していた。

根本原因

前原一誠が、なぜ反乱を起こしたのか。

その根本原因は旧士族の処遇にあった。

明治二年（一八六九）、長州藩は諸隊を解散し、その精鋭を選抜して常備四箇大隊を編制した。これにもれた隊員たちに不満が高まった。

参議時代の前原は無言参議というありがたくないレッテルを張られ、平生は沈黙寡言で、事の善悪をいわぬ人だった。かたや木戸は才気煥発《かんぱつ》、多弁である。双方合うはずがない。

前原の片腕が奥平謙輔だった。豪放磊落《ごうほうらいらく》、萩に帰国した二人の交情は日々、深まっていた。やがて前原は不平士族の首領に担がれた。士族たちは護国軍を編制し、藩校明倫館《めいりんかん》を軍議所とし、気炎を上げた。

明治八年六月、木戸は前原を東京に呼び、時世の変化を説き、元老院議員になるよう勧めたが、前原は応じなかった。このとき、前原は永岡に会った。

長州と薩摩、会津が同時蜂起すれば、現政権はつぶせると、永岡が説いた。二人は七月の下旬に二回会い、永岡は同時蜂起を約束した。

一連の動きを山川は薄々知っていた。しかし、山川が考えるに、どこから見ても成功の可能性は低かった。軍事力の差は歴然としていた。だが、永岡はあえて踏み切った。会津の誰かがそうするしか収まりがつかない、という心情があった。

思案橋事件

前原一誠から蜂起の電報を受け取った永岡は、かねての計画を実行に移した。

永岡の計画とは、千葉県庁を襲い、佐倉《さくら》鎮台の兵を味方に引き入れ、日光から会津に入り、萩の前原と東西呼応して、政府を転覆させるというものであった。永岡に同調したのは同じ元会津藩士の中根米七《なかねよねしち》、中原成業、竹村幸之進、井口慎次郎《いぐちしんじろう》らであった。

永岡らは明治九年（一八七六）十月二十九日の夜、東京日本橋《にほんばし》小網町《こあみちょう》一丁目の思案橋から舟で千葉に行こうとして警官と格闘になった。世にいう思案橋事件である。

この日、永岡らは小網町の船宿に行き、小舟五隻に分乗して、しきりに出発を促したが、船宿の主人が一行をあやしんで舟を出さず、日本橋警察署に密告し、警部補寺本義久ら四人が現場に行き、永岡らと格闘になった。中原成業、井口慎次郎らが抜刀して巡査三人を斬り伏せたが、一人に逃げられ、警鐘を乱打され、旗揚げは失敗に終わった。

後列左から奥平謙輔、広沢安任、永岡久茂、
前列左、前原一誠

この格闘のさい、永岡は誤って井口に腰を斬られ、警官に捕らえられてしまった。その傷がもとで永岡は翌明治十年一月十二日、鍛冶橋《かじばし》の獄舎で獄死する。

中原、竹村、井口らも捕らえられ、処刑された。中原は四十九歳。越後口の遊撃隊長として活躍した宝蔵院流《ほうぞういんりゅう》の槍の名手で、戦いのあと若松県で官吏を斬り、亡命していた。

中根米七だけは鹿児島に逃れ、西南戦争後に会津で切腹した。

書生の密告

この思案橋事件には、もう一つ意外な事実があった。永岡の書生の平山圭一郎と根津金次郎の二人が事件前夜、警視庁大警視川路利良《かわじとしよし》に密告したというのである。

そうではなく、行動をともにした薩摩の士族満木清繁が永岡からもらった二十円の大金で質に入れていた伊賀守兼光を受け出したので、そこから密偵に察知されたという説もある。

多くの会津人は、思案橋事件を聞いたとき、永岡を非難することはなかった。それはすべての会津人が抱いてきた、薩長への報復を身をもって実践しようとした永岡への心からの同情といたわりの気持ちからであった。

山川の弟、のちの東京帝大総長山川健次郎でさえ、永岡を密告した平山、根津の二人を裏切り者として憎んだ。

永岡の生き方もまた元会津藩士として、やむにやまれぬ心情の発露とみることができた。時代を見る目がないとか、感情におぼれたとか、いろいろあるかもしれない。しかし誰か一人でも永岡のような生き方をしなければ、収まりがつかない会津人の心情があった。

永岡の脳裏にあったのは、斗南での過酷な日々だった。飢えと寒さで、老人、子どもは命を落とし、生き残った人々も、草の根を食べ、海藻を拾い、命をつなぐ日々だった。

山川は今後の会津に欠かせない。広沢は三沢に残り、斗南に残った人々の希望の星になっている。自分は何をどうすればよいか。残酷無比な薩長新政府に戦いを挑み、政府転覆を企てなければ、斗南で命を落とし、今なお全国各地で、苦労の日々を送っている会津人に相済まない。成功の見込みはないかもしれないが、その行動が大事ではないか。永岡はそう考えたに違いなかった。

永岡久茂、死を覚悟しての反乱だった。享年三十八。

参加者の横顔

思案橋事件に加わった旧会津藩士は、皆ひとかどの人物たちだった。彼らの心情はどのようなものだったのか。

中原成業は本名高津《たかつ》仲三郎《ちゅうざぶろう》。性格豪胆、鳥羽伏見の戦いで手に銃丸を受け江戸に帰って会津藩病院で治療した。そこへ慶喜が見舞いに来た。仲三郎は病床に端座して、「鳥羽伏見の戦で奮戦した者は皆、幕府に尽くすためであった。しかるに殿下はその忠臣を敵地に残して自分だけ江戸に逃げ帰った。なんという無情なことか」と毒づいた。

長州に出かけ前原一誠に会って、反政府の謀議をとげ、千葉におもむかんとして思案橋で捕らえられ、市ヶ谷《いちがや》の獄で処刑された。四十九歳だった。

竹村俊秀は通称幸之進、弘化二年（一八四五）、若松城下に生まれ、日新館に学び槍術《そうじゅつ》をよくし、籠城戦のときは二十四歳だった。戦後、斗南藩庁で開墾掛を命ぜられたが、廃藩置県後は上京して永岡久茂に師事し、思案橋で捕らえられ、処刑された。

井口慎次郎は会津戦争のとき、十五歳だった。東京に出て、永岡久茂の書生を務めた。処刑の日、身を投げ出して国に報いるのが男と吟じて首を差し出した。

中根米七は京都時代、二条《にじょう》家の護衛を担当した。中原成業とともに鹿児島に向かい、反乱を画策、東京に帰るや千葉警察署長加藤寛六郎《かとうかんろくろう》が会津人だったので、多数の会津人を千葉警察署に送りこみ、この日に備えたが失敗した。

山川が生前、もっとも気にしていたことは永岡久茂の追善法要だった。実現したのは、山川の死後、事件から四十年後の大正五年（一九一六）十一月二十六日であった。発起人代表は山川の実弟、東京帝大総長を務めた山川健次郎男爵だった。健次郎は兄の遺志を継いで万感の思いを込めて祭文を朗読した。参列者は改めて涙を流した。

このほかに、会津鶴ヶ城開城のあと、薩長軍の官吏、越前《えちぜん》の参謀、民政局監察方兼断獄久保村文四郎が戦死者の遺体を放置するなど非情な振る舞いだったので、帰国のさい、久保村を束松《たばねまつ》峠で斬った伴百悦のような人物もいた。

前原一誠

長州藩奇兵隊に属し、戦後、兵部省に出仕、広島鎮台司令長官だった三浦梧楼《みうらごろう》は、萩の乱の前原一誠について、

「正直な人だが少し愚痴な人であった。それでついに滅亡を招いた」

と語った。

永岡がどのくらいの確率で、前原一誠らの蜂起が成功すると考えたのか、それはわからないが、最後の賭《か》けと考えたに違いなかった。

萩の乱は、およそ二千人が山口を脱して、三田尻《みたじり》、宮市《みやいち》（ともに現防府《ほうふ》市）に集まり、反乱を起こしたが、結局、鎮圧された。

前原は漁船で逃亡を謀ったが、暴風雨に行く手をさえぎられ、前原ら首謀者八人は斬首《ざんしゅ》され、四十八人が懲役刑となった。

会津と長州の悲しい接点である。

西南戦争

山川に第二の転機をもたらしたのは、明治十年（一八七七）二月の西郷隆盛の反乱、西南

戦争である。

書生が廊下を走ってきて、熊本出征の電報を山川に伝えた。自分の出番が来たと山川は考えた。拍手と喚声が山川家を包んだ。山川は久し振りに、胸に肋骨型《ろっこつがた》の金モールをつけた陸軍中佐の軍服に着替え、母と嫡男の三人で写真を撮った。

このときの政府の狼狽《ろうばい》は相当なものだった。

東京帝大に勤める山川の弟、健次郎は何度か右大臣岩倉具視に呼ばれ、

「会津から兵を募り、薩摩征伐に行ってくれぬか」

と持ちかけられた。岩倉は、かつて京都守護職の追い落としを謀った張本人である。孝明天皇毒殺の嫌疑もかかっていた。手の平を返すようなやり方に、山川兄弟は、不快であった。しかし、戦いに出た以上、全力で戦い、熊本城に突入し、籠城していた谷干城を救出した。

　薩摩人みよや東《あずま》の丈夫《ますらお》が提げはく太刀《たち》は利《と》きか鈍《にぶ》きか

このとき詠んだ山川の歌が残されている。

しかし、奮闘したにもかかわらず戦後、山川は大阪鎮台の監察に飛ばされ、軍人として陽の目を見ることはなかった。

官兵衛の意地

会津の武将といえば、戊辰戦争を最後まで戦った佐川官兵衛が筆頭だった。

生家は家禄三百石、幸右衛門の長男として会津城下に生まれた。剣術と馬術で頭角を現し同年代では右に出るものはいなかった。官兵衛は若いころから滅法、喧嘩《けんか》が強かった。安政《あんせい》年間（一八五四～六〇）、江戸在勤中、本郷《ほんごう》で火事が起こった。火元は加賀《かが》藩邸だった。加賀藩とは縁戚《えんせき》の関係にある。幕府の火消隊が通行を止めていたが、官兵衛は火消隊を突っ切り、前田《まえだ》邸に駆けつけた。幕府火消隊はこれを根に持ち、帰り際に官兵衛に襲いかかった。官兵衛は抜刀するや一刀のもとに消防指令を斬り伏せた。相手は天下の旗本である。官兵衛は百石減じられ、国元に返された。

慶応二年（一八六六）、満を持して上洛した。翌年、小御所《こごしょ》の会議で幕府と会津が職を奪われ、朝敵の汚名を着せられたとき、官兵衛は即京都で開戦を主張したが、慶喜は「余に深謀がある」と思わせぶりな発言をし、大坂に退いた。幕府はこれで逆転の機会を失った。

鳥羽伏見の戦争は、味方の兵力が一万五千、薩摩、長州軍は五千である。絶対優勢のはずだったが、幕府の歩兵は烏合《うごう》の衆で逃げ惑い敗退を続けた。慶応四年一月五日の戦闘はもっとも激しく、敵弾が官兵衛の刀に当たり刃が折れ、加えて弾丸が右目をかすめたが、官兵衛は意に介することなく戦いを続けた。しかし慶喜と容保が江戸に脱走するに及んで幕府、会津は敗れさった。

戊辰戦争では、最強部隊の朱雀隊を率いて越後に出兵、河井継之助と共同で戦ったが、河井が重傷を負い、越後も敵に奪われた。

誤算だらけ

敵軍、会津侵攻のとき官兵衛のもとに集まる情報は、楽観的なものが多く、敵は会津を避けて仙台に向かうという見方が多かった。これは敵の偽情報で、二本松を攻略した薩長軍は、一転、母成《ぼなり》峠を落とし、会津城下に侵入した。白虎隊士が飯盛山で自決、城下は大混乱に陥った。官兵衛は勇猛な武将だが、情報収集や分析にはうとかった。

会津藩の指揮命令系統は、なきに等しいものだった。世襲の家老たちは、ただ呆然と座り込むだけで、反撃の態勢をとれなかった。家老神保蔵之助と田中土佐は責任を取って郭内で自決、日光口から山川浩が帰国するに及んで、ようやく籠城態勢が固まった。官兵衛の役は城外での戦闘だった。官兵衛は不満だった。

城内を仕切ったのは首席家老の梶原平馬だった。八月二十七日早朝、梶原は幹部を集めて作戦会議を開いた。西郷頼母は乱心として外された。梶原は「主君とともに米沢に逃れ回復を誅りたい。佐川殿は城に残り、城内を守ってもらい、城内の婦女子は首を斬る」と言い出した。

出席者は啞然《あぜん》として顔を見合わせ、平馬の案は否決された。官兵衛も怒りを爆発させた。「われを先鋒として戦わしめ、今また城内で捨て殺しにするのか、兄《けい》らは代々高禄を食《は》みながら一度たりとも戦わぬ」と皆を睨んだ。官兵衛のいう通りだった。城内には不協和音が渦巻いていた。

官兵衛は二十九日、城下の敵を掃討する作戦に出た。銃器の差でこれも敗れ、以後、城に戻らずゲリラ戦を展開した。主君容保が降伏を告げても「敵は民の財貨を奪い、婦女子を犯す姦賊である」と主張し、頑として戦いを続けた。

戦後、斗南に母とともに移住、三戸の山奥で呆然として暮らしたが、西南戦争が起こると、警視庁の抜刀隊に応募、東京警視隊を率いて出兵、阿蘇山《あそざん》で壮烈な戦死を遂げた。猛将官兵衛らしい最期だった。

第八章　斗南に残った人々

広沢安任の意地

下北に残った人々の代表は広沢安任だった。

広沢は会津武士の名誉にかけて、ここで生き抜かなければならないと考えた。この地に夢を描いた少参事の一人として、挑戦することが残された道だった。

かたわらには八戸藩大参事を務めた太田広城がいてくれ、励ましてくれたことが大きかった。さらに広沢には、兄安連《やすつら》の一家がいた。安連は越後で戦死したが、三人の子どもがおり、長男安宅《あんたく》は東京で勉学中であり、長女ヒロ、二男弁二が斗南に来ていた。

広沢は埃《ほこり》にまみれて働いた。

塵埃行《じんあいこう》

塵埃起毎随西風起　ほこりが立つ、いつも西風が吹くとほこり立つ
払々瀰々千万街　払っても払ってもさまざまな街にあふれ
青天白日亦昏矣　晴れた日でも太陽は暗い
可怜就熱徒　職を求める者たちは
汗背尚侵此間趨　汗だらけになって職を求める
衣冠文物皆為汚　そのために衣冠も文物も皆汚れ
復有挙扇自蔽無　それを扇で隠しても無駄なことだ
慨然数酒滴々涙　嘆かわしくてしばしば酒に酔い、涙を流す
和雨清掃欲時試　やわらかい雨のときに、掃き清めよう
宰相物色古尚難　宰相が望んでも、それはもとより難しい
何況区々豈可企　いわんや、並の人間には不可能である
吾聞北方蓬莱洲　私は仙人が住む伝説の霊山、北方の蓬莱洲《ほうらいしゅう》に
別開乾坤更悠々　悠々たる天地がひらけて
耘器待時非無意　農機具が待っていると聞いたが
汝能追随伴我不　お前も私に随って、ともにやる気はないか

これは広沢が東京で勉学をしている亡き兄安連の長男、広沢安宅に贈った詩だった。安宅は広沢の求めに応じて下北に駆けつけ、その後、安宅の弟弁二が牧場を継ぐことになる。

南部駒

古来、南部藩の地は、わが国有数の馬産地だった。広沢はこれに目をつけた。

どこに牧場を開くか。問題は土地だった。下北半島はこれまで見た限り、適地がなかった。広沢は藩政時代からの馬産地、三沢に惹《ひ》かれた。ここは広漠たる原野が連なり、底知れぬ可能性を秘めていた。かつて南部藩の「木崎《きさき》の牧」の一部であった。広沢はものに取り憑《つ》かれたように、木崎の牧の開拓に没頭した。

南部駒は古代からすでにその名が知られており、鎌倉時代、南部氏がこの地を領有するに及んで一気に花開いた。木崎の牧を取り仕切ってきたのは、三沢の小比類巻《こひるいまき》家であった。多くの名子《なご》や勢子《せこ》を従え、馬を飼育してきた。名子とは草を刈って貯《たくわ》えたり、馬の様子を調べたり、狼《おおかみ》の襲撃を防いだりする専任の牧夫である。勢子は秋に馬を捕らえ、検査するとき、狩り出される村人たちで、普段は農耕で暮らしていた。

南部の馬は体が大きく、四肢も細長く、下北半島の寒立馬《かんだちめ》に比べると形がよく俊敏だった。しかし馬の繁殖だけでは、物足りない。広沢は将来、肉食が伸びると判断して、乳牛と肉牛の生産を主力に考えていた。

明治政府も荒蕪地開墾の決め手として士族による牧畜事業の推進を考えており、それを知った広沢は明治四年（一八七一）二月、斗南藩の事業として牧畜を民部省に上申していた。これが採用され、開墾局の牧畜掛員が洋種の牛馬を七戸地方に持ち込み、雌の牛馬と交配させ、実験を開始した。

広沢の思いはずばり的中した。

開牧社

広沢は太田とともに、太平洋から小川原湖《おがわら》に至る二千三百九十余町、七百十七万坪の広大な土地の無償借用を青森県に申請し、明治五年（一八七二）暮れ、牧場経営の母体となる開牧社設立の認可を得ることができた。広沢を感激させたのは、青森県が速やかに新政府に書類をあげ、新政府もまた異例の速さで決済したことだった。

斗南移住について広沢は、大久保のやり方に激しい怒りを感じてきた。木戸の片棒を担いで、不毛の地に会津人を追いやったことは、犯罪行為以外の何物でもないと怒りつづけてきた。広沢は上京して大久保と直談判《じかだんぱん》し、大久保に牧場の建設を認めさせ、資金の交渉も行った。その結果、明治六年八月、一時金として七千円の借入れに成功し、この資金で農具や種を仕入れることができた。

問題は人である。広沢はイギリス人牧夫のルセーとマキノンの二人を採用した。ルセーは幕末に来日、越前福井藩に雇われ、洋学を教えた経験も持っていた。年齢は二十六歳。マキノンは四十八歳。スコットランド生まれの農夫で、牧畜のベテランだった。

周囲の山々が紅葉し、朝夕、海から冷たい風が吹きはじめたころ、牧場には広沢とルセー、マキノンの宿舎三棟、牛舎一棟、馬舎一棟、牧夫舎一棟、工作所二ヵ所、井戸五ヵ所が完成し、秋には旧南部藩領の久慈《くじ》から買い入れた牛が百三十余頭と下北産の牛が五十余頭、合わせて百八十余頭と、種馬五頭、農耕馬三頭、農耕牛十三頭が放牧された。

最終的に牧場の広さは千四百万坪という広大なものとなった。

牧童頭の北村要《きたむらかなめ》と小池漸《こいけはじめ》が三、四十頭の牛を引き連れ、上京した。販売を担当したのは東京に出た太田広城である。東京市場に肉牛を卸し、チーズやバターは日本郵船や横浜の外国人居留地に売り込んだ。

東北御巡幸

明治九年（一八七六）、明治天皇の東北巡幸が発表された。広沢牧場の牛馬が天覧に供されるというので、広沢は歓喜した。天覧は七月十二日、三本木原の草原で行われることになり、広沢は牛百八十頭、馬十九頭を出すことにした。

前日、内務卿の大久保が牧場に視察に来た。大久保は広沢の小さな草庵《そうあん》で昼食をとった。広沢は牧場で採れたバター、チーズ、パン、牛乳を並べた。

この日、大久保は広沢に参議、北海道開拓使長官への仕官を求めた。広沢が参議として世に出れば、朝敵会津藩の汚名を雪《そそ》ぐ絶好の機会にもなる。どうすべきか。広沢は正直迷った。しかし、これ以上、大久保の厚意に甘えることはできない。多くの会津人はいまだに苦しんでいる。自分が閣僚になるなどできない相談だった。

斗南藩記念観光村にある大久保利通と広沢安任会見の場

天皇の馬車

翌朝、広沢は三本木原に牛馬をつないだ。やがて六頭立ての明治天皇の馬車が、三本木の広場に進んできた。明治天皇が馬車を降り、天覧所の椅子《いす》に腰を下ろした。期せずして万歳の嵐が起こった。

広沢は青森県の那須権参事の先導で、天皇の前に進み、開牧社の状況を説明した。天皇は終始うなずいて聞かれ、「御苦労であった」と、徳大寺実則《とくだいじさねつね》宮内卿からのお言葉があった。広沢は下がって牛百八十頭、馬十九頭を引いて天覧に供した。広沢はこの日の感動をこのように詠んだ。

外事略整理　外交のことは、ほぼ整理されたが
内治須投機　内治の機は即今《そっこん》
其間不容髪　紙一重の危機がある
六騑向北飛　六頭立ての馬車が北に向かって飛び
古来無此挙　古今はじめての盛挙
久矣阻皇輝　久しく妨げられていた天皇の御光沢が
日月不偏照　日や月のように残すところなく照り輝き
雲霧看靡披　雲や霧はひらけ
膏沢所降下　御恩沢は
洽被草莽微　草屋の者にまで及んだ

永岡久茂が思案橋事件を起こし、逮捕されたのは、その三ヵ月後のことになるが、牧場にも政府から密偵が送りこまれていた。密偵は上方生まれの牧夫田嶋作治である。西洋の農具を使えるという触れ込みで送りこまれた。言動に不審な点があり、すぐに密偵とわかった。前歴は陸軍歩兵軍曹だった。

経営軌道に乗る

明治十一年(一八七八)は、広沢にとって人生の転機となった。間もなく五十歳。人生の節目である。

この時期、牛馬は二百頭を数え、秋には二百五十頭を超えることが予測された。そのほか豚や緬羊《めんよう》を飼い、はてしなく広がる菜園があった。まだ経営的には赤字だが、菜園の収穫を加えると、ようやく経営のメドが立つようになった。

一族の佐久起四郎が支配人を務めるようになり、広沢に代わって経理や牛馬の飼育、人夫の管理いっさいを仕切った。甥の弁二は、勉学のために上京しており、明治十八年に駒場農学校獣医科を卒業して谷地頭《やちがしら》の広沢牧場に帰るまでの間、起四郎が黙々として牧場を支えた。

広沢は思索にふけり、著述に専念できるようになった。また安宅を相手に会津武士列伝を語り、記録させた。安宅は後に『幕末会津志士伝稿本』としてこれを出版する。

広沢の胸に新たな構想が湧いた。

下北地域の大開発である。かつて永岡久茂は、「斗南港上十年後、欲繫五州々外船」と詠んだが、牧場に近い鷹架沼《たかほこぬま》を開発し、陸奥湾まで運河をつくり、太平洋と結ぶ壮大な計画だった。地図を広げ、線を引き、構想にふける広沢の姿は、眼光炯々《けいけい》として、人を射るものがあった。

自負千里能　都から離れていても千里を見通すことができる
何為甘牽絆　縄でつながれ、閉ざされた世界に甘んずることはできない
跳騰支不得　飛び跳ねる馬をつなぎとめることができようか
逸気走空半　感性が次々に湧き出し
可知真逸士　志が高く、世俗に追従しない人間を目指して
一室在雲端　はるか遠い彼方の一室にあって
山川洋峨曲　山水険しい海原の調べを
悠々独自弾　独り悠々とかき鳴らす

このころの広沢の詩は、いつも高いところを目指す、たゆまざる探求心に満ちていた。

大久保利通や伊藤博文、松方正義《まつかたまさよし》、渋沢栄一《しぶさわえいいち》、福沢諭吉、勝海舟ら大勢の人々と交際を広げたことも広沢の自信につながった。

その大久保が突然、この世を去った。明治十一年五月十四日朝、太政官出勤のため馬車で清水谷《しみずだに》にさしかかった大久保に白刃をかざした六人が襲いかかり、大久保を斬殺《ざんさつ》した。享年四十九。大久保政権はこのような形で幕を閉じた。

訃報《ふほう》は号外となって全国に流れ、広沢は悄然《しょうぜん》として草庵にとじこもった。

会津人の多くは、西郷に次ぐ大久保の死に快哉《かいさい》を叫んだ。柴五郎でさえ、次のように書いていた。

大久保は西郷隆盛とともに薩藩の軽輩の子として生まれ、両親ともども親友の間柄なるも、大義名分と情誼《じょうぎ》を重んずる西郷と、理性に長《た》けたる現実主義政治家たる大久保とは、征韓論を境に訣別《けつべつ》し、十年の西南戦争においては敵味方の総帥として対決し、しかも相前後して世を去る。余は、この両雄維新のさいに相謀りて武装蜂起を主張し、（中略）会津を血祭りにあげたる元兇《げんきょう》なれば、今日いかに国家の柱石たりといえども許すこと能《あた》わず、結局自らの専横、暴走の結果なり（後略）

と、一片の同情も湧かず、非業の最期を遂げたのは当然の帰結と断じてはばからなかった。だが、広沢はかつて、牧場を訪れたときのやや痩せ細った大久保の容姿を瞼《まぶた》に浮かべ、ありし日の大久保をしのんだ。

開牧五年紀事

この年の八月、広沢は『開牧五年紀事』をまとめた。開牧社から広沢牧場に至る五年間の歩みを書いたものである。

福沢諭吉が珍しく序文を書いた。

「私は他人の著書に序文を書いたことはない。しかし、広沢君は人格、経歴、学識など当世稀《まれ》に見る人物なので、その乞《こ》いに応じた」

と、使いの者に序文を渡した。そこにはこうあった。

広沢君は旧会津藩士にして夙《つと》に文を以て名あり、維新以来牧畜の利益を思うて、之を思うことはなはだ久しからず。直ちに躬《みず》から手を下してその事を行い、ことしすでに五年の実効を奏して、なお十年の目的明に見るところあり。

その執業の刻苦勉励及び雇い入れの外人を処遇したる方法等のごとき、もとより非凡なりといえども、余輩のとくに心酔して措《お》くあたわざるものは、文学の士人、もっとも事物を思うの精神をもって、もっとも速やかに実業に従事したるの一事にあり（後略）。

明治十一年八月九日　東京三田《みた》にて

福沢諭吉

ただ理屈を述べることではない、速やかに実行することだ、とする福沢の序文は広沢の真髄をついていた。

広沢の晩年

広沢はこの二年後に、妻を娶《めと》った。ある日、突然、若い女を連れて牧場に戻り、

「今日からこれが私の妻だ」

と、いった。

広沢安宅、佐久起四郎をはじめ広沢家の人々は仰天し、ただ口をあけて広沢と若い女の顔を、見くらべるばかりだった。

女はカイといい、二十歳である。どこの娘なのか、広沢はひと言もいわぬため、皆、遠くから眺めているばかりだったが、そのうちに三戸の生まれであることがわかった。背のすら

りとした細面の美人で、一度、結婚したことがあるという。広沢は若いカイを妻にして、一段と若返り、牧場の人々は、目のやり場に困るほどだった。

明治十八年（一八八五）、待ちに待った弁二が牧場に戻った。弁二は品行方正、学術優秀、常に獣医科の首席を占め、前途を大いに嘱望されての帰郷だった。獣医師の弁二を迎え、広沢牧場は飛躍のときを迎えた。弁二は単に己の牧場にとどまらず、青森県全体の牧畜の振興のために働き、広沢は目を細めて弁二の活躍を見守った。

広沢は幸せだった。若い妻と見事な後継者に恵まれ、草庵の近くに六十九種草堂を建て、日夜、文筆に励んだ。牧草には六十九種の草があったことが草堂の名の由来である。

明治二十一年、広沢は東京郊外の淀橋《よどばし》に、広沢牧場東京出張所を設け、山川浩、秋月悌次郎、南《なん》摩《ま》綱紀《つなのり》らかつての同志と交流しながら、南洋開発という遠大な構想を立て、各界を説得して歩いた。

二年後の第一回衆議院議員選挙には会津から山川浩、柴四朗、青森から広沢が立候補した。しかし第一線を退いていることもあってか、三人轡《くつわ》を並べて落選、政治への道を絶たれた。

塗炭悩人過半生　塗炭《とたん》に悩みながら半生を過ぎた
誰能馬上着先鞭　馬にまたがり、生きる道を切り開いたのはほかでもなくこの私であ

る

断腸孤枕宵々夢　しかし腸《はらわた》がちぎれるほど悲しく、来る日も来る日も夢を見る
夢綾白河関外天　いつしか白河城が夢のなかに現れる

広沢がいつも夢で見るのは白河の戦争だった。あそこで勝っていればと、無念の想《おも》いが募るばかりだった。広沢の心にあるものは、多くの会津人の暮らしだった。下北に残った人々は、依然、貧しさから脱しきれず、会津人であることを隠して暮らす人もいた。会津人であるがゆえに官界から締め出され、差別も続いている。それゆえの国政への挑戦だった。

落選してからの広沢はどこか生気がなかった。しきりに永岡久茂のことを懐かしんだ。人には見せぬが、広沢の心の奥深くにあるのは、薩長との戦いに敗れた慚愧《ざんき》の想いであった。

翌明治二十四年二月二日、広沢は東京で悪性のインフルエンザに冒され、全身に悪寒が走った。

カイの懸命の看護で一時は小康状態を保ったが、高熱のためにわかに意識が混濁《こんだく》、眠るようにこの世を去った。享年六十二であった。遺体は広沢安宅、広沢弁二、佐久起四郎ら一族が涙ながらに谷地頭に運び、下北の大地に葬った。

君もまたすてておお行きか今は世にかぞえんほども友はなき身を

東京高等師範学校校長として教育界の重鎮の座にある、かつての斗南藩大参事山川浩は、広沢の死を悼み、このように詠んだ。

広沢の師秋月悌次郎は熊本の第五高等学校の教授をしていたが、遠く谷地頭に次の追悼詩を送った。

治乱機辺共当局　治乱の分かれ目にともにその局に当たり
死生関上亦同心　死生の間際にも心を同じくした
相逢談旧応非遠　昔を談じるのも遠くはない
笑指北邱松柏陰　松柏《しょうはく》の茂る北の墓場を笑って指している

秋月はそう語りかけた。

かつてルセー、マキノンを案内し、三沢の大地で牧場を手伝った柴四朗はのちに東海散士《とうかいさんし》のペンネームで小説家となり、『牧老人広沢先生小伝』をまとめ、広沢の名を歴史に刻んだ。

歳六十有二、嗚呼《ああ》哀哉《かなしきかな》
先生不幸にして会津に生れ、風雪に際会し飛揚する能はず、空しく沖天の鵬翼《ほうよく》をして挫折、沈落せしむ。いま此に遺稿を観て遺憾に堪へざるなり。
後学東海散士　柴　四朗

広沢の死は多くの会津人に深い悲しみをもたらしたが、弟子たちは世界に羽ばたき、広沢安宅は八戸で独立、弁二は広沢牧場を継ぎ、会津藩はここでも不屈の魂を見せてくれた。たとえ本州の最果ての地であっても、いつか南に帰って日本の中心になる。こんな願いも込めて、広沢らが高々と揚げた「北斗以南皆帝州」の思想は、下北の大地に深く根を下ろしたのだった。

北村家の人々

三沢には大勢の会津人がいて広沢を助けた。広沢牧場の会計を一手に引き受けた北村豊三《とよぞう》もその一人である。

豊三は父衛門政信、母信、妻喜恵、長男要、長女きを、二女とよ子の七人家族で、斗南に移住した。会津に戻ることはせず、広沢安任の片腕となって、厩舎《きゅうしゃ》の建設や洋種牛馬の導入と改良、牧草の研究など、牧場経営を軌道に乗せるために日夜奮闘した。

明治十一年（一八七八）三月に青森県から県牧場取締を命じられ、広沢牧場会計方の激務をこなすかたわら、寸暇を惜しんで上北郡内の原野を調査しては適地を見つけ、雲雀《ひばり》牧場ほか数ヵ所の牧場を開設して指導監督するなど、不眠不休の日々が続いた。

三沢の北村牧場

北村は、広沢の死後なお十二年余り谷地頭に残って広沢の後継者、広沢弁二の牧場経営を補佐し、広沢牧場の発展をより確かなものにした。明治三十七年、三沢村岡《おか》三沢《みさわ》（現三沢市岡三沢）に北村牧場を開いた。この間、三沢村の村会議員や助役を務めるなど、地方自治の発展にも貢献した。

長男北村要には男の子がなかったので、長女富の婿に旧会津藩士吉沢三平義知の四男の直枝《なおえ》を迎えた。直枝は札幌一中から日本体育専門学校に進み、卒業後、県立八戸中学校で教鞭《きょうべん》を執り、地理や体育を指導した人物であった。

北村家十三代当主となった直枝も馬産の改良に努め、

三沢村議も長期にわたって務めた。のちに青森県知事となる北村正哉《まさや》は、直枝の長男として生まれた。正哉は野辺地中学から盛岡高等農林学校の獣医学科に進み、在学中に陸軍委託生に選ばれたことで、陸軍に奉職、スマトラで終戦を迎えた。階級は陸軍獣医少佐だった。

北村牧場が米軍三沢基地の飛行場用地として接収されたこともあって、正哉は政治の道を歩み、県議会議員ののち、知事を四期務めた。北村牧場は弟の和哉が継ぎ、競走馬を育て話題を呼んだ。

正哉の長男正任《まさとう》は八戸高校から東大法学部に進み、毎日新聞社に入り、毎日新聞社の社長を務めた。

鈴木武登馬

三沢の地にとどまり、長く村長を務めた鈴木武登馬《すずきむとめ》も知られた人物である。明治二十年（一八八七）、三沢村役場の書記となり、収入役、助役を務め、第二代村長になった。三十四歳であった。以来、三十年間、村長を務め、村民から慈父と仰がれた人物だった。広沢牧場も全力で支援した。

旧三沢村役場跡には胸像があり、そこには、こうあった。

陸奥の国、東北のはしに良き村長がいた。名は鈴木武登馬。旧会津藩士である。早くからわが三沢村に住み、若くして村役場に勤め、書記となり、助役となり、村長に推され、重ねて選ばれ、三十年在職した。その間、県議、郡議に選ばれ、皆功労があった。君はよくしめくくり、綿密に事にあたり、平素、己れを守り、謹厳で、全村民から慕われた。君は村長になるや、深く村に思いを寄せ、しばしば寝食を忘れて執務した。君はまさに公吏の典型というべきである。

武登馬の業績は、植林、麦の共同耕作、牧場の振興、村民の衛生思想の向上などあらゆる分野に及んでいた。

神田重雄

八戸市の二代目市長、神田重雄《かんだしげお》は子どものころから広沢安任の背中を見て育った。

重雄の祖父、品矩《ただのり》は明治三年（一八七〇）四月十七日、アメリカからチャーターした蒸気船で品川を出帆。二十日に南部の鮫ケ浦《さめがうら》（鮫湊）に到着した。湊《みなと》村に落ち着き、付近の農家の片隅を借りて、生活を始めた。

品矩は文政《ぶんせい》十二年（一八二九）十二月十二日、安任は天保元年（一八三〇）二月三日生まれなので、二人は誕生日が二ヵ月しか違わないばかりか、ともに藩校日新館に学び、しかも住まいも隣同士、京都でも一緒だった。

湊村は広沢の牧場と、そう遠くはなく、広沢は馬にまたがってよく品矩のところにやってきた。来るたびに漢詩を詠み、それを揮毫《きごう》した書を置いていった。

曠野杳無際　曠野《こうや》が無限に広がっている
唯我帰我家　わが家に帰る時
我家何処是　わが家はどこにあるのかと
北斗馬前斜　北斗星を目標にひたすら馬を走らせる

三沢の谷地頭と現八戸市の湊町の間には広大な原野が横たわっていた。人家などない。夜道の目標は北斗七星だった。

重雄は、明治七年に生まれた。父は東京に出奔したまま帰ってこないため、祖父品矩と祖母に育てられた。

八戸は現在、青森県の経済都市だが、祖父が入植したころの湊村は、小さな寒村だった。定期的に飢饉に襲われ、草の根を掘り起こし、木皮を剝いで、粟や稗に混ぜて食べる悪食のため胃病が蔓延《まんえん》していた。救いは漁撈だった。品矩はここで小さな駄菓子屋を開き、なんとか食いつなごうと頑張っていた。

紙の下着

重雄は物心ついたころ、近所の子どもたちに〝会津乞食《こじき》〟と悪口をいわれて、ワンパクたちに随分泣かされた。下着は紙でつくったものを着せられていたので、仕方がない部分もあった。

大きくなるにしたがって〝会津乞食〟といわれたのが情けなく、金をもうけようと考えた。十歳くらいになると性来の利かん気が芽生えてきて、近所の子どもを率いるガキ大将になっていた。腕力も強く、頭もよく学校に行っても成績はトップクラスだった。

広沢が来ると、大勢の会津人が「先生、先生」と集まってきたので、子ども心に誇らしげに思った。

家の向かいに源吾という坂道があり、冬はよく、その源吾坂で竹スケートで飛ぶように滑っていた。十二歳のとき源吾坂を滑っていて大腿部《だいたいぶ》に打撲傷を受けた。このときの後遺症が骨膜炎の原因となり、後年、左足を切断する羽目になった。

明治二十年（一八八七）、重雄十四歳のとき、祖父が亡くなり、広沢が湊村に来ることもなくなった。

なんとか貧乏から脱却したい。重雄は北海道の根室《ねむろ》に出稼ぎに出た。十六歳の春だった。根室に叔父がいて、叔父が経営する郵便局で電信係として働き、電信技士資格試験と小学校教員の検定試験に合格した。

これを土産に湊村に帰り、湊尋常小学校の教員となり、同じ会津から来た阿部重義の娘と結婚、湊村役場の書記に転職した。

三十歳のとき、漁業に転じ、二年後に和船二隻で鰹《かつお》漁業に転じ、三年後には改良型発動機船二隻を建造、鰹一本釣り漁法を始めた。以後トントン拍子に水産業のリーダーになっていった。

昭和四年（一九二九）、八戸市が誕生すると推されて市議会議員に立候補して当選、二年後、市長選挙に出馬、第二代八戸市長に当選した。三期市長を務め、今日の経済都市の基礎を築いた。会津魂の男だった。

小林寿郎

上北郡横浜村長を務めた小林寿郎《としお》も広沢牧場を支えた一人だった。明治二十一年（一八八八）には広沢弁二、小池漸と一緒に訪米、洋馬二十五頭を買い付け、青森県の馬産の発展に貢献した。

小林は安政五年（一八五八）、会津藩士小林伝治の長男に生まれ、会津戦争が起こったのは、十一歳のときだった。戦後、一家は海路斗南に渡り、三沢に居住した。弟二人がいた。

明治六年、十六歳のとき、海軍水兵となるために同志五人と東京に向かった。五戸村では旧家老倉沢平治右衛門を訪ね、大いに激励され、東京では旧主君松平容保邸に向かい「国家に陽をなすべし」と訓示された。

富士山艦《ふじさんかん》に乗艦し、台湾征討などに参戦した。海軍士官を目指したが、海軍兵学校を出ないと士官の道はないとわかり、明治十二年、青森に戻り、青森県雇となり、下北郡役所に移り、広沢牧場と関係を深め、洋馬の購入に尽力した。

昭和五十七年（一九八二）のことである。車に大きな油絵を積んだ弘前中央高校教諭の小林澄雄氏が、横浜町役場を訪ねてきた。横浜の漁港を描いた油絵だった。祖父が村長を務めた横浜町に寄付したいという申し出だった。

小林教諭は小林寿郎の孫で、自宅には祖父が残した資料や遺稿、日記などが古いアメリカ製のトランクに一杯詰まっていると告げた。それは、明治、大正時代の日記、書簡、アメリカでの洋馬の買い付けなどに関する資料だった。これを見た当時の横浜町長野坂和一が発起人となって遺稿の出版を企画、世に出したのが、『斗南藩の人　小林寿郎翁遺稿』だった。あとがきにこうあった。

「我々の町は明治初期から大正中期までの五十年間、村の行政、文教のほとんどを旧斗南藩の人々に負うている。これらの人なくしては今日の横浜町は、別の姿であったかもしれない。我々は、小林翁をはじめ、明治初期の村取締役だった坂井次平氏、村長だった田口主悦氏、郵便局長相田覚左衛門氏、戸井田正常先生、佐藤弘己先生ら、今我々が知っている斗南藩の人々に対して敬意と謝意を忘れてはならないであろう」

第九章　北の海を渡った人々

会津遊撃隊

箱館戦争のさい、榎本武揚の艦隊に乗り、蝦夷地に渡った会津藩士がいた。諏訪常吉を隊長とする会津遊撃隊の面々である。

京都で公用人として活躍し、輪王寺宮《りんのうじのみや》の仙台入りを演出した小野権之丞もいた。小野は戊辰戦争中、江戸開城まで江戸にとどまり僧侶《そうりょ》に変装して敵情を探り、その後、仙台に入り奥羽越列藩同盟の設立に奔走した。

蝦夷地の榎本政権下では、会津遊撃隊の隊員は約七十人とされているが、全員が会津藩士ではなく、他藩の人もここに名を連ねたと思われる。これらは、仙台にいた人々だった。当時、会津は落城寸前で帰国はかなわず、榎本武揚の蝦夷共和国構想に賛同し、北海道に新天地を求めたのだった。

小野権之丞は、箱館病院事務長として院長の高松凌雲《たかまつりょううん》を助けていたが、矢不来《やふらい》の戦闘で重傷を負った諏訪が病院に収容された。そこに京都で諏訪とともに薩会同盟の立役者だった薩摩藩の池田次郎兵衛が訪ねてきて、箱館戦争の休戦を申し入れた。それを小野権之丞が榎本に伝え、休戦交渉が進展した。諏訪はそれを見届けることなく、休戦の二日前に北海道の露と消えた。

藩校日新館の秀才で、江戸昌平黌に学んだ安部井政治《あべいまさじ》は、同じく会津遊撃隊員となって蝦夷地に渡り、漢詩を詠んでいた。

海潮到枕欲明天　海鳴りが枕元に響き眠れぬうちに夜が明けようとしている
感慨撫胸独不眠　さまざまな思いが胸をよぎり一人眠れずにいる
一剣未酬亡国恨　亡国の恨みをいまだ晴らしてはいない
北辰星下送残年　北極星のもとで、残る年の月を過ごそう

秋月悌次郎の「行くに輿《こし》なく」と永岡久茂の「独木支え難し」の絶句とともに長く会津人に吟唱された三絶の一つといわれる作品である。

『維新前後の会津の人々』に、安部井の最期について次のようにある。

政治は榎本の幕下にあってよく西軍と戦った。ある日、榎本は衆中で、「近来会津人は臆病《おくびょう》となり、逃走を事とする」と揚言した。

座中にあった政治は憤激胸に満ち戦死を心に誓った。その翌日、敵は箱館郊外七重《ななえ》村矢不来に来り攻めた。政治は衆を励まし力戦最も務めたが利なく、一軍潰走《かいそう》、衆また政治に退却をすすめた。そのとき政治は「僕は一歩もここを退かない。卿ら帰りて会津人は果たして臆病で逃走を事とするかと、榎本に告げよ」と。ついに乱丸の下に倒れた。後、榎本は長嘆して「ああ、余の失言、この俊良を失った」と。政治ときに二十五歳。

二人の墓は函館にある。

不可解な人物

国家老西郷頼母ほど会津藩のなかで、全体の流れとは異なった発言をして、皆に嫌われた人物はいない。この人物の欠点は、ものの言い方に常識がなかったことであった。身分で人を差別し、何か言おうものなら、「軽輩、黙れッ」と一喝した。そういう人物が筆頭国家老というのは、会津藩の悲劇であった。

西郷頼母と後妻きみ

しかし独特の屁理屈《へりくつ》には言い分もあった。最初は松平容保の京都守護職拝命に反対したときである。荷が重すぎると辞退を勧告し、処分されたが、これは正論といえば正論だった。

会津藩の家訓十五ヶ条の第一条「一心大切に忠勤に存ずべく……」に照らせば、京都守護職に就任せよという幕府の命令は、拒否することはできなかったが、結果は頼母のいう通り、会津藩はすべてを失いボロボロになって帰国した。その間、頼母は蟄居《ちっきょ》の身の上だった。

主君容保にとって、頼母は目障りな存在であり、家臣団にも信頼がなかった。容保は頼母に厳しく対処し、この後もしばしば謹慎蟄居を命じたが、容保の大失敗は、こともあろうに頼母を白河口の軍事総督にすえたことだった。会津、仙台の連合軍は、たった一日の戦闘で白河城を奪われ、以後、奪還できなかった。

容保はふたたび頼母を蟄居処分にした。頼母は籠城戦のさなかに城から追放され、仙台に向かい、長男を連れて榎本武揚の艦隊に乗り込んできた。箱館に上陸したが、どこかに避難し、いっさい戦うことはなかった。

頼母の不可解なところは、薩長軍が会津城下に侵入したとき、母、妻をはじめ一族二十一人が奥座敷で自害して果てたにもかかわらず、本人は戦後、家族の菩提《ぼだい》を弔うこともせずに生きのびたことである。

箱館戦争後は内地に戻り、斗南には行かずに各地を放浪し、皆の脳裏から消えかかっていたが、明治五年（一八七二）赦免され、日光東照宮の禰宜《ねぎ》として宮司である容保の前に姿を見せた。

晩年は会津若松に戻り、現在の会津若松市東栄町《ひがしさかえまち》一番地、通称十軒長屋と呼ばれる陋屋《ろうおく》に住み、明治三十六年四月二十八日早朝、ひっそりと息を引き取った。七十四歳だった。葬儀に来る人もほとんどいなかった。実に寂しい末路だった。

首席家老の失踪

会津戦争を指導し、奥羽越列藩同盟の結成に尽力した首席家老梶原平馬もまた失踪《しっそう》している。その行方は、杳《よう》として知れなかった。

梶原平馬は京都時代、会津藩公用方を代表する人物だった。イギリスの外交官アーネスト・サトウとも交流があり、彼の『一外交官の見た明治維新』にも登場する高官であった。そこには、ふっくらと顔立ちがよく、ウイスキーでもシャンパンでも瞬く間に飲み干す年若い会津藩重臣、梶原平馬の姿が描かれていた。

平馬は会津藩家老内藤介右衛門信順《のぶゆき》の三男として、天保十三年（一八四二）、会津若松に生まれた。慶応四年（一八六八）時の年齢は二十七歳である。平馬には十一人の兄弟姉妹がいたが、長兄が夭折、二男の信節《のぶこと》が家督を継ぎ、平馬は同じ家老の梶原家一千石の養子に入った。

妻は山川の姉、二葉である。梶原は若手を仕切る山川とは義兄弟という恵まれた環境にあった。実弟武川三彦《かずひこ》も撃剣に優れ、三兄弟の威権は藩内に響いていた。平馬に寄せる主君容保の信任も厚く、江戸在勤が長く続いた。幕府にもパイプが太く、事実上、首席家老の地位にあった。

鳥羽伏見で敗れ、会津藩は朝敵の汚名を受け、加えて容保が慶喜とともに江戸に逃げ帰ったことで、会津藩は、最大の危機に陥った。

江戸で再起を勧めた家老の嫡男神保修理が自決に追い込まれ、容保が皆の前で謝罪したことで藩内の危機は幾分収まった。しかし、江戸無血開城で、薩長軍は虎視眈々《こしたんたん》と会津攻撃を目論《もくろ》んでおり、どう対応するか、平馬に課せられた責任は重大だった。

薩長との和議も選択肢の一つだった。しかし、薩長軍の大総督府に向かった広沢は捕らわれ、その道は消えた。

戦いは必至

参謀たちの役割はいくつにも分かれていた。

旧幕府陸軍に身を投じ幕府兵を会津に誘導する役、資金調達の役などである。平馬の実弟、武川三彦は彰義隊《しょうぎたい》に所属しながら、江戸の旧幕府御用商人から鉄砲弾薬を購入する軍用金を調達する役だった。

平馬は鈴木多門、佐瀬八太夫を従えて横浜に潜行、長岡藩家老河井継之助の紹介で、オランダ四番館のヘンリー・スネル、エドワード・スネルの兄弟を知り、ライフル銃七百八十挺を千五百ドルで購入した。さらに二万ドル相当の兵器、弾薬を買い込み、旧幕府陸軍関係者から大砲二十三門、ミニエー銃、ゲベル銃若干のほかイギリス製の貨客船順動丸をもらい受け、一部は順動丸に乗せ、新潟経由で会津へ運んだ。

自分はスネル兄弟がチャーターした貨物船コリア号に乗り込み、慶応四年（一八六八）三月九日に横浜を出帆、太平洋を回って津軽海峡から日本海に入り、同月二十六日に新潟に上陸した。

船上で協議

この船旅に列藩同盟成立にかかわる重大なカギが隠されていた。乗船者のなかに桑名《くわな》藩主松平定敬《さだあき》一行百余人と長岡藩家老河井継之助の一行百余人がいた。

定敬は主君松平容保の実弟である。京都所司代として兄を助け、今また朝敵の汚名をこうむった兄とともに鳥羽伏見の雪辱を期すべく領地の柏崎に戻る途中であった。

かたわらの河井は武装中立を唱え、江戸藩邸の宝物、書画什器《じゅうき》の類《たぐい》をことごとく売りとばし、その代金数万両でスネルとファーブルブラント商会から数百挺の新式銃と二門の連射砲を買い込み、船に積んでいた。速射砲はアメリカの南北戦争で使われたガットリング砲で、ハンドル操作で回転しながら一分間に百五十発から二百発もの弾丸を発射することができた。

梶原平馬、河井継之助、奥羽越に己の未来を託すスネル兄弟、さらには桑名藩主松平定敬、この五人は半月余に及ぶ船旅のなかで日本の未来を語り、奥羽越を核とする新たな政権構想を模索したのであった。

薩長新政府軍は、イギリスの全面的支援で、討幕に成功した。外国との提携以外に薩長に勝利する道はない。そこで平馬はスネル兄弟を会津藩の軍事顧問に迎えることに踏み切った。諸外国をいかにして列藩同盟側につかせるかも重要な戦略であった。フランスは旧幕府を支援、イギリスは薩長寄り、アメリカは中立を表明しており、勝てばこちら側に引き寄せることも可能である。スネル兄弟がそうした外交交渉に役立つことは明らかだった。米沢藩参謀甘粕継成《あまかすつぐしげ》の日記に、スネル兄が何度も出てくる。五月二十八日の項に、スネル兄は髪をそり、日本の羽織袴を着て姓を平松武兵衛と改めていたと書き、「時勢の変、実に駭《おどろ》くべし」と結んでいた。

幕末、多くの外国人が来日した。スネル兄弟は万延《まんえん》元年（一八六〇）七月、プロシャ国軍艦で日本に来たとされている。兄の肩書きはプロシャ国領事フォン・ブラントの書記官であった。のちにヨウという日本人女性を妻にし、フランシスとメアリーの二人の女子をもうけている。

弟のエドワード・スネルもオランダ代理領事の肩書きを持つ外交官であった。エドワードは、桑名藩兵を柏崎に送ったあと、ふたたび横浜から武器弾薬を満載して新潟に入り、勝楽寺《しょうらくじ》に居宅を構え、列藩同盟が諸外国に窓口を開くや梶原平馬や米沢藩の色部長門《いろべながと》、仙台藩の芦名《あしな》、庄内藩の石原らと軍艦購入やサイゴンから外人部隊を招集することを話し合い、意気軒昂《いきけんこう》たるものがあった。

こうして列藩同盟側はスネル弟から膨大な小銃、弾薬を買い求め、米沢藩は最終的に総額十一万六千ドルも使い、新式銃を手にした同盟軍は、やがて越後の戦場では薩長新政府軍と対等の戦を見せるようになる。

会津藩には山川のほかに田中茂手木《たなかもてぎ》、横山常守《よこやまつねもり》、海老名郡治の四人のヨーロッパ研修生がおり、新潟には田中が来ていて、たくみな外国語で通訳にあたっていた。しかし、個人プレイのスネル兄弟には限界があった。薩長の背後には、イギリス公使館、イギリス海軍、グラバー商会がついており、その差はあまりにも大きすぎた。

醒めていた平馬

平馬は薩長新政府軍が会津城下に侵入した段階で、惨敗を覚悟した。

八月二十七日朝、会津城太鼓門の東土手の稲荷《いなり》神社前で軍議が開かれた。顔をそろえたのは、平馬を中心に内藤介右衛門、原田対馬、山川大蔵、佐川官兵衛、海老名郡治と軍事方の伊東左太夫《いとうさだゆう》、鈴木駒之助らだった。

平馬が発議して、

「この城は保ち難い。故に両公は米沢に行かれて恢復《かいふく》を計ることが一策と思う。城を出るときは海老名を先頭となし、梶原、内藤、山川が主君の御馬の左右に従い、原田は後殿《しんがり》を守り、佐川は城内の留守とする。諸兄の考えはいかが」

と切り出した。皆、押し黙った。

そのとき、平馬は突然、座を離れて原田を呼び、小声で耳打ちした。

「海老名は脱走するや測り難い。故に彼を先鋒《せんぽう》とする様山川と密議した。貴殿、後殿の大任誠に重任である。しっかり務めを果たしてもらいたい」といった。すると原田は、「佐川は百戦の老練である。故に彼を後殿とし、不肖《ふしょう》私は城の留守に任ぜん」といった。平馬は海老名を信用していなかった。

元の座に戻るや、平馬が「介錯《かいしゃく》役の紫寛次郎に、城内の婦女子の首を刎《は》ねるように命じてある」といった。これを聞いて原田が強く反発した。

「婦女子も決死籠城、今日に至った。今その理由を告げずに妄《みだ》りに首を刎ねるは不義不憫《ふぎふびん》の至りではないか。ことに容保公の侍妾二人は懐妊と聞く。よくその理由を告げ諭し、敵の手に死するよりは今決せよと命じたなら必ず甘んじて死につくことと思う。そのとき、介錯を命ずべきで、やたらに刎ねることは絶対不可である」

とかみつき、軍議はなにも決しなかった。

平馬は交友の幅も広く企画力、行動力には優れていたが、この日の発言は、皆を納得させるものではなかった。城を放棄し、婦女子を始末するという発言は暴論だった。平馬はまだ二十代半ばと若く、一藩を仕切るには、まだまだ未熟だった。

幕末会津藩は、上層部に人材が乏しかった。家老は世襲制で、政治は硬直化していた。残念ながら平馬もその一人だった。長岡藩の軍事総督河井継之助に比べると、残念ながら人間性の欠如は明らかだった。

平馬はいったい、この城を出て、どこに行こうとしたのか。察するに米沢藩が平馬の胸中にあったと思うが、それは実現不能なことだった。

この軍議の模様は会津藩医、賀川家三代の氏寛が傍聴して記録したものだった。末裔《まつえい》を通じてこれを見つけ出し、会津の史家相田泰三氏が、『会津会会報』七七号に発表した。この会議は会津藩の実態を示す衝撃的な記録といえた。

三戸に移住

戦後、平馬は東京で情報収集にあたり、皆より遅れて明治三年（一八七〇）の秋、東京より船で斗南へと向かい、三戸郡上市川《かみいちかわ》村（現五戸町）に移住し、会津から妻二葉と長男景清を迎え、ここで生活を始めた。兄の内藤介右衛門もこの村に居を構えていた。

廃藩置県後、平馬はふたたび表舞台に戻り、新しく発足した青森県庁の庶務課長に就いた。

しかし、妻二葉との間に亀裂が入っていたようで、別居した節があった。二葉は山川家の出である。山川家は東京に引っ越すことを決めており、今後の生活をめぐって、平馬と二葉の間で意見が異なった可能性があった。

明治六年に失踪

明治六年（一八七三）、梶原平馬は青森県庶務課長を退職し、忽然と姿を消した。行き先は東京だった。

一方、二葉は長男景清を連れて平馬とは別行動で東京に向かい、山川家に復籍して、明治十年十二月、東京女子高等師範学校の生徒取締として出仕し、その後、教育界に身を投じることになる。

平馬は東京で何をしていたのか、これもまったく不明である。会津人に会った形跡はなく、生活費はどうなっていたのかもわからない。はっきりしていることは平馬が東京で水野貞《みずのてい》に出会い、再婚したことである。

どのようないきさつで、貞に出会ったかもわからない。

そのとき、貞は東京の桜川女学校の教員をしていた。嘉永《かえい》二年（一八四九）、江戸新五番町の私塾で和漢や数学を学び、明治十一年、「良縁あり、青森県士族梶原景雄《かげお》氏に配し」という理由で、桜川女学校教員を辞職した。平馬は梶原景雄と名前を変えており、二人は東京に住むのではなく函館に新天地を求めた。これは平馬の希望であったろう。貞は長女シズエを身ごもっており、函館移住は貞の父謙吉も一緒だった。

当時、函館には元会津藩家老で親戚の簗瀬三左衛門《やなせさんざえもん》の一家が住んでいた。三左衛門の長女キサは平馬の養父の妻であり、次女ツヤは、平馬の実兄内藤介右衛門の妻だった。そこを頼って函館に向かったに違いなかった。

その後、貞は根室の花咲《はなさき》小学校の教員に招かれ、平馬も一緒に根室に移住、根室県に勤めた痕跡《こんせき》があるが、詳細はわからない。

斗南藩の首脳部は、それぞれの形で責任を取った。広沢安任は帰農して、開拓を実践した。永岡久茂は自爆した。山川は上京して必死に会津の復権に努力した。

しかし、平馬は追い詰められる形で、逃亡した。その平馬の存在が明らかになったのは、昭和六十三年(一九八八)である。青森県の内藤家の過去帳に「北海道ニ於テ病死、根室墓アリ、梶原景雄」の墨跡が確認されたからである。

それを知った私は根室に出かけることを考えた。たまたま翌平成元年(一九八九)に根室で北海道・東北史研究会主催の「クナシリ・メナシの戦い、寛政アイヌ蜂起二〇〇年根室シンポジウム」があったので、この研究会に参加し、シンポジウムの合間を縫って平馬の痕跡を探すことにした。

墓は前方に海が見渡せる公営の墓地にあった。墓石は小さく、少し傾いているのが気になった。この墓を詣《もう》でる人はいないのだろうと、そのときに思った。

根室の海を見つめながら平馬が何を考えていたのか。それからしばらくして平成五年に平馬夫妻に関する詳細な研究リポートが発表され、平馬像が明らかになった。それは『根室市博物館開設準備室紀要』第七号に掲載された川上淳、本田克代両氏の「私立根室女子小学校校長〔水野貞〕事跡」と題する研究リポートだった。

その後、菅野恒雄氏が『根室市博物館開設準備室紀要』第十号に「東京で生まれ育ち教鞭を執った梶原平馬二度目の妻貞子の事跡」を発表した。ここでは貞ではなく貞子となっていたが、貞は教師として根室の小学校に勤務し、のちに私立根室女子小学校の校長をしていたことが書かれていた。

梶原平馬の墓（写真・根室市歴史と自然の資料館）

それまで会津若松では、「妻を捨てて愛人と一緒に北海道に逃げ、消息不明になった」「愛人は花柳界の女で、平馬は女の店の帳場に座っていた」と平馬はスキャンダルの餌食《えじき》になっていた。幕末維新の人物伝として定評のある大正十二年（一九二三）発行の『幕末会津志士伝稿本』だけではなく、昭和十七年（一九四二）発行の『若松市史下巻』の人物編にも、平馬の名前は一行もなかった。抹殺されていたのである。

貞が教育功労者として根室市から表彰も受けたことが判明したため、平成十四年発行の『根室・千島歴史人名事典』（根室・千島歴史人名事典編集委員編）には、平馬の名前もしっかり書き込まれていた。

平馬の行動は山川や広沢、永岡らに比べると明らかに責任の放棄であった。しかし平馬は北方政権の樹立という夢を抱かせてくれた男である。ある日、突然、平馬の手記や手紙が見つかり、梶原平馬の心境や交友関係、その戦略が明らかになれば、幕末維新の東北史に光彩を放つことは間違いないと、私はひそかに期待している。

琴似屯田史

会津を追われ、最果ての北辺の地、下北半島に移封された旧藩士たちは、困窮と飢えの生活との苦闘を続ける流亡の民そのものだった。

廃藩置県後、生活できずに北海道に逃亡する家族が何人もいた。名目は出稼ぎだった。このようなとき、北海道開拓使次官黒田清隆は明治六年（一八七三）十二月に屯田兵創設のための建白書を上奏した。

北海道及樺太ハ当使創設以来専ラ力ヲ開拓ニ用ヒ未ダ兵備ノ事ニ及バズ。今ヤ開拓ノ業漸ク緒ニ着ク人民ノ移住スルモノ又従テ加ハル、宜シク保護スル所以ノモノナカルベカラズ、況《いわ》ンヤ樺太ハ国家ノ深憂タル固《もと》ヨリ論ヲ俟《ま》タズ、故ニ今日ノ急務ハ軍艦ヲ整ヘ兵ヲ置クニアリ。

こうして明治七年、北辺警備と士族授産を目的とし、北海道に屯田兵を置くことになり、東北各地から若者を募集した。

明治七年十一月、琴似《ことに》に兵舎二百余戸を新築
同八年一月、宮城、青森、酒田《さかた》の三県より志願者募集
同八年五月、琴似に百九十八戸、九百六十五人移住
同九年、二百七十戸移住

と順調に推移した。

琴似は現在の札幌市にある。地名の語源は、アイヌ語の「コッ・ネ・イ」(窪地《くぼち》になっているところ)で、明治四年、開拓使によって「琴似」と命名された。

旧斗南藩からは士族六十戸、宮城県からは旧仙台藩の士族九十戸、山形県からは旧庄内藩の士族八戸、そのほか、旧松前藩の士族など二百八戸が移住した。これが屯田兵のはじまりだった。

これに加わった当時十九歳の旧斗南藩の士族我孫子倫彦《あびことものひこ》の記録が残されている。

安孫子は下北郡川内村《かわうちむら》に居住していたが、斗南では先が見えないとして屯田兵に応募、北海道に渡った。

当時の北海道は函館や松前を除くと、まったく人跡未踏の地であった。一行は船で小樽に上陸し、小樽で家屋の抽選があり、琴似に向かった。

当時の琴似村には、先住者としては和人が三戸、発寒川《はっさむがわ》の沿岸にアイヌが二戸、その南の二十四軒《にじゅうよんけん》というところに二、三戸、十二軒《じゅうにけん》というところに六、七戸、発寒に四、五戸のアイヌの集落があるだけだった。これらの人々の手によって多少の耕地もあったが、道路はいずれも踏み分け道であった。周囲はまったくの森林地帯で、鹿《しか》、熊が自在に横行し、屯田兵屋付近に熊が出没することも珍しくなかった。

旧斗南藩士は、一緒の兵舎に住み、毎朝、ラッパを合図に起床し、人員点呼を受け、指揮官に引率されて共同開墾に励んだ。

農具、寝具、家具などは支給された。

七月中旬までに共同開墾した農地のなかから五百坪が譲渡された。そこに家族一緒に大根、そば、かぶなどを植えた。年の暮れには各戸に一町歩が割り当てられた。

その合間に軍事教練も行われた。

西南戦争に出兵

明治十年（一八七七）の二月、西南戦争が起こった。

二月二十二日の朝、いつものように弁当と伐採道具を背負い、各自分隊長宅の前に集合して現場に向かわんとするときに、突然、ラッパが鳴り響いた。

全員は伐採道具も弁当箱もそのままそこに打ち捨てて週番所前に駆けつけると、鹿児島出兵を命ぜられた。ただちに一箇小隊が選抜され、農服を軍服に改め、銃を携帯して後事を家族や近隣者に託する暇もなく、小樽港に向かって出発した。

安孫子倫彦は二十一歳、血気盛んな年頃になっており、小樽港より函館丸という帆走と蒸気両用の二、三〇〇トンの船に乗った。船長は外国人であった。函館では四月まで警備し、いったん小樽に帰り残留の兵を合わせ、山鼻《やまはな》、琴似両屯田をもって二箇中隊に編制し、四月十日に小樽を出帆、七日間航行のあと、熊本県石貫《いしぬき》港（現玉名《たまな》市）に上陸し、小島町《おしままち》（現熊本市西区）に駐屯した。

屯田二箇中隊は別働隊第二旅団に付属し、各地を転戦。無事、九月の初旬に凱旋した。その後、琴似小学校が開設、養蚕室も新築され、やがて雑穀の栽培が盛んになり、生活ができるようになった（猪股恒三「屯田兵秘録」『会津史談』五二号）。

安孫子はその後、札幌農学校兵学科別科生として勉学に努め、子息孝次《こうじ》は北海道大学に学び農事試験場長として農業の発展に尽力した。

幼少の憶い出

開拓村に入った山口伊左吾の三女、百瀬スヱの証言も残されている。

私は明治二十三年（一八九〇）、琴似屯田一番通りの兵屋に生まれました。父は会津藩の武士で山口伊左吾、母はナカと申し、私は三男三女の三女でした。幼いころ、よく聞かされた昔話によりますと、父は戊辰の役に敗れ、一時新潟のお寺にあずけられましたが、その後、南部に移り数年を送りました。そこで琴似屯田兵を志願して、有志の方々と北海道にまいりました。船で小樽に上陸し、乗物もなく、山の麓伝いの細い草道を歩いて、ようやく琴似に着きました。大森林のなかに二百余戸の屯田兵屋が建っていました。

家に入ると食器、鍋釜、夜具などがキチンとそろえてあり、先輩の方が作った夕食も用意してありました。それからは毎日訓練と開墾の日課が続きました。

朝早く起床ラッパで起き、激しい軍隊教練、終わって朝食をいただき、一同そろって森林の開墾に従事しました。笹《ささ》を刈る人、木を切る人、耕す人、皆が分担して慣れない仕事をよくしました。

移住三年目に西南の役が起こり、父は九州まで出征しました。当時屯田兵として最年長の父は、戦場でも、開墾にも人一倍の苦労を重ねたようでした。

このような皆の努力が実って、大森林は次第に明るい新天地に変わっていったのです。

私は屯田の昔話を聞くのが大好きで、部屋のすみっこに座って聞いていました。家の裏に冷たくておいしい水の出るつるべ井戸があり、屯田から岡村さんや花泉さん達が水をもらいにきました。会津言葉で〝水クナンショ〟と云って汲んでいます。

父母は〝だまって汲んで行って下さい〟と云っても、何時《いつ》も同じ言葉をくりかえします。会津の人は本当に礼儀正しく、義理堅いんだなあと思いました（横浜在住、会津出身）。

（『琴似屯田百年史』）


当時の生活が目に浮かぶ琴似の暮らしだった。

余市開拓移民

最初に述べたように、斗南以前、会津藩士が最初に送られたのは、蝦夷地だった。

小樽に上陸した会津人は、一年ほど入植地が決まらず出稼ぎ暮らしだった。そのうち、斗南藩の三本木原に移るよう指令があったが、これ以上の移動は困難で、全員、途方にくれた。そのとき開拓使の黒田清隆が開拓使移民として二百戸を余市に受け入れた。

当時の余市はアカダモ、ヤナギの巨木が鬱蒼《うっそう》と生い茂り、ヨシやスゲ、クマザサ、トクサなどが密生する余市川の岸部だった。もともとはアイヌの居住区域であり、アイヌは漁業や狩猟によって生活をしていたが、その片手間に粗放な農業も営み、稗や粟の栽培をしていた。

そこに内地から移民が入り、開拓を始めたが、当時、この周辺は道もなく、わずかにエゾシカが通る獣道があるだけだった。全員、朝敵の汚名をそそぐと血判しての参加だった。余市移住の記録『炉辺夜話《ろへんやわ》』に、大要次のように当時の状況が記されている。

罪ノ二百戸

戊辰ノ役終局ヲ告グルノ九月開城引渡シニ際シ鶴ヶ城城代家老萱野権兵衛氏ハ朝敵ノ罪ヲ贖《あがな》フノ意中堅ク心ニ決シ城中ニ於テ自刃サル

藩中ノ一族血涙ヲ呑ミサシモノ二十三万石ノオ城モ引渡シヌ　夫《そ》レヨリ一同猪苗代ノ地へ引挙ゲ謹慎ノ身上成ル
又江戸詰ノモノハ江戸徳川家講武所及飯田橋庄内藩火消屋敷ニ謹慎セリト
後チ評議一決シ故萱野城代一味ノ枝幹チシフ二百戸ヲ撰定サレ北海道へ流罪ノ形式ト成ル
然シテ明治二年九月上旬江戸品川湾ヨリ先船ト称シテ出帆日数十三日ノ間風浪ニ揉《も》マレ漸クオタルナイ（今ノ小樽市）信香《のぶか》ノ海岸ニ着船シ蘇生シタル心《こころぐみ》組シ上陸セリ。次船ハ約二旬程後レテ同地へ着ク
航海中ハ時化《しけ》ト風雨ニ逢ヒ波ハ甲板ヲ洗ヒ殊ニ婦人ノ如キハ生キタル心組モナク幾日ノ食事ヲ取ラザル態ナリシト
其ノ当時小樽港へ木造ノ蒸汽《ママ》船カ入港セルハ之ヲ以テ嚆矢《こうし》トス　船長ハ「アメリカ」人ニシテ船員二十名ナリヲ随へ近海ノ深度ヲ測定シツツノ航海トテ日数ヲ要セシト
上陸ニ際シテノ江戸ノ兵部省（今日ノ陸軍省）ヨリ開拓使庁ニ托《たく》セシモノニヤ万事ノ世話食器等ノ給与ヲ受ケ信香、若松《わかまつ》、色内《いろない》方面ノ漁業家へ宿舎割ヲ受ケ大イニ歓待サル
而《しか》シテ開拓使ヨリハ一日一人ニ付キ玄米一升宛並ニ銭百文ノ支給ヲ受ク　引続キテ、謹慎ノ身成リ

而シテ明治三年ニ入リ城主松平侯ハ斗南藩三本木ノ地へ（今ノ青森県下北郡上北郡此ノ地ニ今尚旧藩士ノ農民多シ）禄高三万石ニ藩地国替ニ成リ兵部省ヨリ斗南藩ニ引渡サレ又随ツテ小樽謹慎者モ引継カレ一時ハ外国米ノ支給アリシモ中断ノ形ト成リ一同途方ニ暮レ倶《とも》ニ相謀リ時ノ黒田長官ニ事情ヲ具申シ開拓使募移民ト名シテ保護ヲ受クル事ト成リ本庁ニ於テモ北海道開拓ノ方針計画モ制定サレ、開墾土地撰定ニ着手　最初ハ石狩当別《とうべつ》ノ議アリシモ諸種ノ事情アリ次ニ余市川沿岸ノ地ヲ撰ビ地味モ肥沃ニシテ水運ノ便モ良ク殊ニ海産物モ豊富ナリシヲ以テ此ノ地へ住宅建築ノ準備ヲ進メ函館ニテ凡《すべ》テ切込ヲ成シ川崎船ニテ余市川ヲ上リ今ノ黒川町山田村ノ地へ建築落成ヲ見明治四年旧四月此ノ地へ小樽ヨリ移住スルニ至レリ

移住者は百六十九戸、人口六百余、さらに翌年十一戸六十余人が加わった。余市の開拓は次の移民規則によって進められた。

一、農業を以て自産を立てる。漁業も営むことができる。
一、五家を一組とし、組内は一家同様に致し吉凶相ともにする。
一、二十五家に一人村長を置き、村長は触れや法度を組員に伝え、不精の者を戒め、悪事

を処置すべし。

一、村長の上に総取締一人を置く。取締役は、開拓の実効が立つように自分の身を律し、皆を指導する。

一、来年より三ヵ年間は一人前一日玄米七合五勺一ヵ月に二分ずつ支給する。

（『北海道移民史』）

注目すべきは、五戸を一組とし、二十五戸に長を置き、長の上に総取締一人を置いたことである。

総取締として、会津の宗川熊四郎茂友が投票で選ばれた。村の名前は談合の結果、黒田清隆の黒と総代宗川茂友の川をとって黒川村、権判官大山壮太郎の山と黒田の田をとった山田村の二つを発足させることで皆の意見がまとまった。

若者中心の移住

こうして黒川村に百五十戸、山田村に五十戸が居住した。

「黒川村畑開墾帳」によると、一戸当たりの家族数は少なく、三人が十四戸、一人、四人が各十戸、二人が九戸、六人が六戸、五人が四戸、七人が一戸で、年代としては、二十代が二十四人、三十代十三人、四十代十人、十代、五十代が各三人となっており、独身者と考えられる者が七人いる。また三人家族の二十代八人は、結婚し乳飲み児のいる人々と思われた。開墾は並大抵ではなかった。

第一年次は、盛夏直後なので、草木が繁茂し放題だったので、伐採が大変だった。刈った草木に火を放っても湿度が多くて燃えなかった。そこで数日間、天日に乾かし、ふたたび火をつけて焼いた。焼いたあとは根株を掘り起こし、根株についた土塊を鍬で落とし、一ヵ所によせ集め、少しずつ耕地を広げていった。その歩みは遅々として進まなかった。

米の支給がなければとても開墾は不可能だった。幸い余市川のサケ、余市の浜の鰊が手に入り、なんとか食いつなぐことができた。

しかし、四年目から米、味噌の給与が廃止され、「これでは喰えぬ」と見切りをつけて、開拓使の役人や官吏になる者、会津若松へ帰国する者も出はじめた。刀を捨てて鍬に持ち換えたとはいえ、学問的な素養があり、気位も高いので、農民生活になじむには容易ではなく、黒川村では転出者が続出した。

黒川村戸籍によると、四年目以降、会津出身と思われる四十二戸のうち二十七戸が開拓村を離脱、開拓の夢を捨てて会津若松に戻っていった。会津団体の総取締役宗川熊四郎も教員の仕事が見つかり、会津に戻った。

はじめて農具を手にしてみたものの、初年度は耕作の期間も少なく気ばかり焦って、どうにもならなかった。やがて迫りくる冬。俄《にわか》農民は晩秋の空を仰ぎみて、身震いするものがあった。朝敵の汚名を受け、しかも身は北の辺境の地にいるのだ。

浜の網元のところに大豆を売りにいって、買ってほしいと、頭を下げる勇気がどうしても湧かない。家のまわりをぐるぐる歩きつづけるだけだった。

住まいは五畳と八畳の二間しかなく、そこに二世帯が同居している家が十一軒もあった。これが開拓者の苦労に輪をかけた。会津の士族には過酷すぎる開拓だった。

宗川が会津に帰郷したことで、会津組の開拓は頓挫《とんざ》した。この実状に同情した開拓使は、明治七年（一八七四）に百二十二町の開墾を賞し、米五十石を与えたこともあって、三分の一の会津人が残ったが、赤貧《せきひん》洗うがごとき生活に変わりはなかった。

会津人が抜けたあとに、東京、九州、北陸、秋田など全国から移住者が入り、余市の発展に尽力することになる。

余市の開拓が軌道に乗るのは明治三十年代後半からである。リンゴの栽培が盛んになり、全国有数の産地となった。これでようやく生活が安定した。苦節三十年であった。

この間、小樽人板垣文蔵の牧場開発、網元の農園経営、余市林檎《りんご》酒株式会社の発足、東北帝国大学農科大学（のちの北大農学部）付属果樹園の誘致、大日本果汁株式会社（のちのニッカウキスキー）の進出などで、余市は今日の発展を見るに至った。その先鞭《せんべん》をつけたのが、旧会津藩士だった。

二人の功労者

『余市農業発達史』の巻末に、十一人の功労者が掲載されている。そのうち二人が会津人で、二人はこの地に残り、懸命に努力し、その功績が高く評価されたのだった。

以下は二人の功労者の横顔である。

三宅権八郎

三宅権八郎は、弘化二年（一八四五）八月十四日、会津若松で生まれ、戊辰戦争後、上越高田で謹慎を命ぜられ、のち斗南藩士となった。

斗南藩解体後、伯父三宅安蔵は、明治四年（一八七一）、宗川熊四郎ら百八十五名とともに、余市に入植していた。安蔵は熱心に開墾したが、不幸にして成功を見ることなく、翌明治五年八月、困難な開墾事業の疲労が重なり病に倒れた。権八郎はその遺志を継いで、同年、斗南から家族三人とともに余市に移住した。ときに二十八歳だった。

当時の余市は丈九尺もある地竹が密生し、アカダモ、ニレなどの繁茂する密林地帯であった。

交通も不便で、一ヵ所あった余市川の渡舟場から道なき道をかきわけ、日用品を買うため十二キロ先の大川町《おおかわちょう》まで出るのに一日がかりであった。

また鹿、兎《うさぎ》が群をなして跳梁《ちょうりょう》、農作物をことごとく荒らしたため、食糧にも窮し苦境に陥った。しかも資金は乏しかったから困窮はひどいものであった。

権八郎は、明治七年に余市の商人に頼み、麦の種五合ほどを入手し播種《はしゅ》した。これが余市地方における麦栽培のはじめであった。また開拓使からリンゴの苗木二十本の配布を受け栽植を試みた。

明治十年、開拓使が各戸の開墾した土地を実地調査して無償で付与したが、権八郎はこのとき一町五反余を受給した。

その後、大豆、小豆《あずき》も作付けし、平均一反歩につき一石五斗の収穫を得た。これを一石二円五十銭〜三円五十銭で売り、生活が安定した。

翌年、岩内《いわない》に通じる道路が開かれ、交通もやや便利となった。権八郎は、農耕や運搬のため馬の必要を感じ、五円で牡馬《ぼば》一頭を購入した。そして、翌明治十二年、隣村仁木《にき》村に徳島県の団体が移住し、この地域もようやく軌道に乗った。

明治二十年、権八郎は、リンゴの栽培を始めた。このように、権八郎は各種の事業を熱心に経営した結果、明治三十九年、権八郎が所有する土地は、畑九町歩、果樹園四町歩、このほか共同所有の耕地が十四町歩にもなった。リンゴ園の樹数は約二千本、種類は「国光《こっこう》」「祝《いわい》」「緋《ひ》の衣《ころも》」「倭錦《やまとにしき》」などで、約三分の一が結実し一ヵ年三万斤の収穫があった。

余市町リンゴ組合や余市町農会の創立にも、率先奔走し、農会長に選任され、その後、名誉会員、余市町議会議員を務めた。

老齢になっても害虫の駆除、果樹の手入れに熱心に努め、昭和十年(一九三五)、九十一歳で没した。

小栗富蔵

小栗富蔵は安政元年(一八五四)二月、会津藩士小栗元右衛門の長男として会津若松で生まれた。幼少のころ日新館で学び、和漢の学問を修め、戊辰戦争では籠城する。

明治二年(一八六九)九月、会津藩士族樺太移住団百九十戸のなかに加わり、父母とともに小樽に寄港した。当初、移住先は樺太だったが、取りやめとなり北海道に定着することになった。明治四年、この移住団百九十戸は余市郡黒川・山田の二村に移住し、富蔵は黒川の地に入植した。

富蔵は父元右衛門によく協力し荒地を伐《き》り拓き農耕に励んだ。

明治七年、開拓使が余市に北米種リンゴを配布した。

リンゴ栽培の有利であることを知った富蔵は、熱心にこれを栽培した。

明治三十六年、富蔵は推されて購売販売組合の組合長となり、全力を傾けてウラジオストクへの輸出の道を講じ、さらに本州各府県への販路拡張にも尽力した。

富蔵はリンゴ栽培の改善、施肥の方法、品質の精選、荷造りの改良、剪定《せんてい》、薬剤の調合、害虫の駆虫法など、余市リンゴの声価を高める数々の功績を残し、また道産リンゴの名声を内外に広めた。

大正元年（一九一二）、拓殖博覧会で金賞を受け、さらにその翌年、明治記念拓殖博覧会でも金賞牌を受けた。

明治十六年より数年間、村総代ののち、三期余市町会議員を務め自治にも尽くした。

『余市農業発達史』に取りあげられた十一人の功労者のなかに長州藩士、台所頭役栗屋貞一もいた。

栗屋は三十歳のとき、内務省に出仕、旧主君毛利家に働きかけ、実現させたのが、北海道農場だった。栗屋は明治十四年、余市川流域の大森林三百万坪の払い下げを受け、大江村を毛利農場開墾地とし、山口県人二十一戸、八十六人を入植させた。その後も土地の拡大を行い、山口県人の入植を進め、病院、学校、製麻所を大江農場内に新設した。

明治二十二年には黒川村に放牧場を開設、小作人四十戸を入れて豆類、麦種、アイなどの栽培を始めた。そして余市開墾株式会社を設立、大農方式の農業を確立した。長州の北海道開拓は国ぐるみで、会津の移住者とは雲泥の差だった。

なお、栗屋の姓は粟屋の説もある。

雑賀孫六郎

北海道開拓に尽力した人物に雑賀孫六郎がいる。北海道の歴史人物辞典である『北海道史人名字彙』には、次のようにある。

雑賀重村(一瀬暁川)、開拓使官吏なり。会津藩士一瀬郷助の三男にして天保七年(一八三六)四月生まれる。初め帰一、奇逸と称し、暁川と号す。幼にして穎悟《えいご》、藩校日新館に入り、文武を修め、かたわら画家星暁村《ほしぎょうそん》に就き画を学ぶ。また和歌をよくす。安政元年(一八五四)藩命を帯び、幕吏平山謙二郎の従者として蝦夷本島及び北蝦夷地を巡回視察す。後また謙二郎に従い長崎に至る。六年十一月根室斜里地方の藩領となるや、代官南摩三郎綱紀に従い、斜里に在勤す。後、幕府の海軍隊に入り、軍艦回天丸《かいてんまる》に乗る。明治元年（一八六八）正月会津に帰り、ついで越後で戦い、その非なるを看《み》るや、逃れて榎本釜次郎《かまじろう》の海軍に投じ、姓名を改めて雑賀孫六郎と称し、十月北渡し、開拓奉行沢《さわ》太郎左衛門《たろうざえもん》を補佐して室蘭に屯す。

蝦夷地に関する第一人者だった榎本のもとで室蘭の開拓事業に従事し、榎本軍が敗れると斗南に渡り、ここでも開拓事業にあたった。

廃藩置県となるや、勝手知った北海道開拓使に勤務、函館から札幌に通じる札幌本道の工事にたずさわり、明治五年には開拓大主典《だいさかん》に昇進した。会津人の面倒もよく見、斗南から日向ユキを呼び、旧薩摩藩士の内藤兼備に嫁がせたのも雑賀だった。内藤が献身的に働くユキを見てひとめぼれしたのだった。

雑賀の妻は会津藩の上席家老の簗瀬三左衛門の娘で、その関係で何人もの会津人が函館に落ち着いた。梶原平馬もその一人だった。惜しむらくは雑賀は明治九年九月、四十代前半の若さで亡くなった。開拓使長官黒田清隆は雑賀の死を悼み祭祀料《さいしりょう》として金十五円を贈り、会津人を感泣させた。

妻の浅子は傷心の日々を過ごしていたが、明治十五年、ミッションスクールの函館遺愛《いあい》女学校が開設されると頼まれて舎監になり、函館メソジスト教会で洗礼を受けて、女子教育にたずさわった。

第十章　流れる五戸川

優れた郷土史家

青森県三戸郡五戸町に優れた郷土史家がおられる。三浦榮一《みうらえいいち》さんである。郷土の歴史を集めた『流れる五戸川』を長年出版され、そこにはいつも三戸で暮らした会津人のことが掲載されていた。なかには「おらが村の会津さま」という特集号もあり、三戸に移住した会津人の足跡を詳細に記述していた。いずれも足で歩いて取材した文章だった。

三浦さんは昭和三年（一九二八）生まれ、五戸小学校高等科、横須賀《よこすか》海軍対潜学校卒、海軍に務め戦後、帰郷して五戸高校に学び、教員生活三十八年、この間、『流れる五戸川』は三十巻を超えた。五戸町文化功労賞、青森県文化賞も受賞され、平成二十八年（二〇一六）には、全国地域文化功労者として文化庁から表彰された。私はこれまで二回、五戸を案内していただいた。

倉沢平治右衛門

三浦さんの取材は各方面に及び、なかでも五戸に住み、塾を開き、多くの門人を育てた旧会津藩若年寄倉沢平治右衛門の足跡調査は圧巻だった。

倉沢は禄高四百石の上級武士で、以前は右兵衛といい、京都では公用人として活躍、会津戦争では若年寄として二の丸の守備を受け持った。

降伏後、斗南藩少参事として、野辺地支庁長を務め、移住が終わると少参事を退任、五戸に移住し、会津人の世話にあたった。廃藩置県後も五戸に永住して旧斗南藩の救貧院を継承して機織場とし、残留士族の救済に努めるかたわら、私塾「中ノ沢塾」を経営して旧藩士や地区住民の子弟に漢学を授けた。

明治五年（一八七二）三月の戸籍によると、倉沢の住まいは五戸村大町百三十二番屋敷内で、このとき、年齢は四十八歳、次の十三人家族だった。

平治右衛門　四十八歳
父隠居　自閑　七十五歳
母　とせ　七十一歳

妻　よね　三十五歳
養子　常五郎　四十七歳
養女　いそ　二十四歳
養女　時尾　二十九歳
長男　弥太郎　十五歳
長女　いし　十二歳
次男　嘉吉　十歳
常五郎妻　くら　二十七歳
同人長男　重吉　三歳

晩年の倉沢平次右衛門
（三浦榮一『流れる五戸川　続16』）

同人長女　つね　二歳

倉沢の家は中ノ沢の丘の上にあって、カヤぶきだった。家のまわりには栗・杉・胡桃《くるみ》・オンコを植え、丘の下の池では鯉《こい》が飼われていた。

中ノ沢塾は午前、午後に分かれて行われ、受講生の年齢や修業年限は問わなかった。授業料の徴収もなかった。そのため、少年たちは薪を集めたり、台所を手伝ったり、野菜づくりをする内弟子もいた。

倉沢は少し足を引きずり、杖をついて歩いていた。しかし、悠揚《ゆうよう》迫らぬその歩みぶりは、あたかも山が歩くようであり、一人座っていても、部屋を圧するような感じだった。

倉沢は至って謙虚で決して自分の過去や身分、功績を誇ろうとしなかった。塾生を遇することもきわめて厚く、自ら玄関に出て迎え、自ら送り出す人であった。

織物工場には藩士の娘や近所の婦女子二十人ほどを集めて反物を織らせていた。これが婦女子の収入源だった。

倉沢は村の世話役も務め、農業改良や水路の開発などにもあたった。

教室の風景

教室の真ん中に置かれた机をはさんで倉沢と生徒が座った。生徒が学習したのは四書五経で、いつも十数人が出入りしていた。毎朝生徒が行くと、必ず倉沢の部屋から謡曲を歌う声が聞こえた。生徒は小学四年を卒《お》えた地主や武士の子が多かった。

生徒たちは、

「先生の寝ている間に行ってやろう」

と早起きして出かけたこともあったが、どんなに早く行っても倉沢の謡曲は池の下にまで聞こえた。

倉沢がだいぶ年をとってからの話らしいが、素読を教えながら、ときどき字を指す桃の棒が横に走ることがあった。生徒たちが見上げると、居眠りをしているようだった。ある父兄が、

「塾の先輩や内弟子もいることだし、新入生は内弟子に教えさせたらいかがですか」

と聞いたら、倉沢は、

「人の子を預かっているのでそんなことはできない」

と答えたという。

剣道の達人

倉沢が剣道の達人だというのを聞いた生徒数人が倉沢の散歩の途中で待ち伏せ、襲いかかったが、一瞬のうちに叩かれて、ひとたまりもなかったという。

倉沢は身体が大きくて風采《ふうさい》もよく、しかも温容で、魅力的な人物だった。酒、謡曲、碁を好んだ。碁の相手は高雲寺《こううんじ》住職で、勝ったり、負けたりだった。しかし、二、三晩でも徹夜してやれば倉沢のほうが必ず勝った。

「武士が徹夜で碁をやるのは、勝たんがためではない。いざ戦というときには幾晩でも眠らないでやる練習のためだ」

と門下生に語った。

見事な弔辞

息子の弥太郎は明治十八年（一八八五）春、二十八歳で三戸郡田子《たっこ》村外八ヵ村の戸長、二十二年には上郷《かみごう》村初代村長となり、その後は四代村長なども務めた。

明治三十三年冬、倉沢は老衰のため再起不能の重体となった。民政党県連顧問や村長を務めた鳥谷部健之助らの門下生百十二人、小熊識三郎県議ら、有志十五人が高恩の万分の一にも報いたいと見舞金二百円を集めて贈った。

倉沢は病気が回復することなく、十二月十日、門下生や有志の見守るなかで息を引き取った。そして十三日には倉沢の葬儀が高雲寺で盛大に行われた。

門弟総代三浦常太郎は次の弔辞を読んだ。

惟《こ》レ明治三十三年十二月十日、倉沢先生逝ケリ、嗚呼哀ヒ哉、先生齢古稀、身ヲ以テ子弟ヲ率キル事茲《ここ》ニ二十年、諄々教誨《じゅんじゅんきょうかい》終始一日ノ如シ、一朝病ニテ起タズ焉、嗚呼哀ヒ哉、先生徳高ク識博ク、気性雄大、而モ世ニ求メズ、退イテ月ヲ友トシ、山ヲ楽シミ、静ニ処《お》リ、問ヲ修ム、悠々トシテソレ大ナリ、思フニ方今所謂《いわゆる》人物ニ乏シカラズ、然レドモ多クハコレ名利塵俗ノ徒、一人ノ道ヲ信ジ、天ヲ楽シミ、教ヘテ倦《う》マザルノ人アラズ、先生此ノ裡《うち》ニアリテ独リ超然トシテ自ラ古君子ノ風アリ、ソノ天下滔々《とうとう》トシテ道義日ニ頽廃《たいはい》スルノ時、実ニ先生ノ逝去ニ於テ一国風化ノタメ特ニ痛惜ノ嘆ナクンバアラザル也、嗚呼哀ヒ哉、今ヤ先生逝クモソノ霊気永ク此ノ土ニ留リテ千秋万古徳化流風長ヘニ尽キザラン、コヒネガワクハ冥《めい》セヨ

明治三十三年十二月十三日

故倉沢先生門弟総代　三浦常太郎　敬白

江渡狄嶺

倉沢の門下からは、多くの人材が世に出た。

教え子の一人である江渡狄嶺《えとてきれい》は五戸町の呉服屋の倅《せがれ》で、五戸小学校から旧制八戸中学校を経て仙台の旧制第二高等学校、東京帝大法学部へ進んだ。同郷の出身者と本郷で精神窟《くつ》という共同生活を始め、その時代（明治三十年代）をいかに生くべきかの思想研究に励んだりしたが、トルストイやクロポトキンの影響を受けて、大学を卒業目前に退学し、東京の武蔵野《むさしの》

でまったく無一物の小作百姓の生活に入った。

これは多分に、倉沢から受けた影響によると思われた。

江渡狄嶺は、『或る百姓の家』(大正十一年〔一九二二〕)で、倉沢平治右衛門について次のように記述した。


東北の片隅に、プチト・ブルヂョア階級の商人の子として生まれた私に、商人としては何の必要のないばかりでなく、後年、親を苦しめ、親戚、郷党からは斥《しりぞ》けられ、自分自身としても亦《また》、一生苦しまねばならぬような良心は、ドウして生まれ出てきたのであるか、それには、既ニ早く、十二、三歳の時から播き付けられた二つの種子、性格の種子と意識とに就いて語らねばならぬ、先ず性格の種子から語るとしよう。

私の性格の方面は、全く、儒学から来ているというよりは、その儒学の骨髄、道義的精神を、生きて、その人格の上に、無言で示して呉《く》れた、会津の遺臣、故倉沢平治右衛門先生の感化であった。私はこの節を守って名利の念を断ち、一生貧乏で暮らした老先生の許《もと》に分からないながらも、四書五経の素読を受けて、幼い性格の上にも、更に他の意識と相俟《あいま》って、後年、私の良心となるものの種子を播き付けられたのである。

この老先生を通じての、儒学の道義的精神の外に、儒学はその個人の道徳を基礎とした経国の理想の方面から、色々、後年、私が西洋の書に親しむようになってからの必然な思想上の傾向をも、一つや二つでなく与えた。

このように江渡は倉沢平治右衛門との出会いが、すべての原点であったと述べた。東京帝大法学部の学生には前途洋々たる未来が開けているはずだった。両親や国元の期待も大きいものがあったであろう。しかし彼は悩み悩んだ末に農民として生きる道を選んだ。『或る百姓の家』には武者小路実篤《むしゃのこうじさねあつ》が、「十七年の間、真理を求めようとした一個の人間の記録を自分は尊敬すべきものと思う」と寄稿し、発売一ヵ月で七刷りを発行した。

これほど地域に慕われた会津人がほかにいるだろうか。倉沢は広沢安任と並んで第一級の人物といえる見事な生涯だった。私はここまで掘り下げて取材をされた三浦さんにも頭が下がる思いだった。

斎藤一

会津藩とともに幕末維新を戦ったのは、新選組だった。会津が敗れるや、新選組の隊員たちは会津を去ったが、唯一、会津人として北越高田で謹慎し、斗南に移住してきたのが斎藤《さいとう》一《はじめ》だった。

警視庁時代の藤田五郎　中列右
（三浦榮一『流れる五戸川　続16』）

斎藤一は戊辰戦争中にもともとの姓名である山口次郎と改め、その後、藤田五郎に改名した。改名の時期は正確には不明だが、斗南移住者名簿（明治三年〔一八七〇〕）に、猪苗代謹慎から東京に移り、ついで斗南におもむいた人々のなかに、藤田五郎の名がある。どうして五戸に移住したのかはよくわかっていない。

斎藤は斗南では、倉沢平治右衛門のところに身を寄せた。このことからも倉沢の懐の深さを知ることができる。斎藤一は倉沢の養女時尾を見初め、後日、松平容保の媒酌で結婚することになる。

時尾は会津藩大目付を務めた高木小太郎の娘で、主君容保の義姉照姫付きの祐筆《ゆうひつ》を務めた才色兼備の女性だった。

明石《あかし》浪人だった斎藤一は会津人として認知され、時尾とともに会津社会の一員として生涯を全うする。

斎藤一は職を求めて上京、警視庁に勤め、明治二十四年、十四年間務めた警視庁を退職し、その後、旧会津藩士で東京女子高等師範学校校長の高嶺秀夫《たかみねひでお》の推薦で東京高等師範学校附属東京教育博物館の看守になった。妻の時尾は東京女子高等師範学校の舎監になった。時尾の実父高木小太郎と高嶺秀夫はいとこ同士だった。

晩年の斎藤一は、病のため東京帝大附属病院に入院していたが、大正四年（一九一五）夏、自宅に戻り死の直前、「仏間に連れていけ」と家族に命じ、正座して、安らかな眠りについた。享年七十二。時尾は五年後の大正九年十二月、七十八歳で永眠した。二人の墓は、会津若松市の阿弥陀寺《あみだじ》にあり、訪れる人が絶えない。

三浦榮一さん（左）と内藤介右衛門末裔の方

佐川官兵衛の足跡

会津の猛将、佐川官兵衛の足跡を探り当てたのも三浦さんだった。

十年ほど前のことだった。三浦さんは、五戸に落ち着いた家老内藤介右衛門の末裔から「佐川官兵衛が、五戸町倉石中市《くらいしなかいち》のあたりに住んでいたという話だ」と連絡をもらった。

三浦さんは中市のバス停で下車、バス停から北西三百メートルの丘にある中峰山源福寺《げんぷくじ》に足を運んだ。明治初期には寺子屋教育が本堂で施されたところだということだった。本堂の左側に老杉があった。樹齢三百年近くの巨大なもので、その根元には、力士記念碑がひっそり建っていた。

「大正十年、当村力士一同」とあり、高さ二メートルの三段石だ。力士の名前には苫米地仁助、浦田川留吉、浦田野宮之吉ら三十人、そして裏側は当時十六世、大嶽保道代、寄付者の東山与市ら十八人が名を並べていた。

寺の後ろが杉林になって墓石が三列から四列に並んでいた。会津藩士の墓だという。旧盆前とあって雑草がぼうぼう。アブが飛び舞うなかを三十分以上駆けめぐる。

「会津藩士の墓はどこですか」

「全然見たことがありません」

村人の答えは、こんなものだった。これでは話にならない。なおも探索すると二基の墓石が目に止まった。

会津藩士　筒井○武母之墓

明治四年一月十一日　没

会津藩士　武井源三郎定之墓　六十一歳

明治四年四月二十九日没

人物の詳細はわからない。

佐川官兵衛は、青森県立図書館蔵の「五戸管下寄寓貫属戸籍士族卒名簿」に確かに記載されており、ここに来ていることは間違いなかった。

佐川は有名人だったので、集落の古老が言い伝えを聞いていた。家族構成はわからないが中市にいたことは間違いないとのことだった。謹慎をとかれた官兵衛は老母とともにこの中市に移って「旦那《だんな》様の屋敷」といわれるところに住み、毎日ドブロクを飲んで藩の悲運をなげいたという。何年いたのかは不明だったが、廃藩置県後、母の健康を心配してふたたび老母の手を引き会津に帰ったというのだった。

その後、官兵衛は会津若松に戻って悶々《もんもん》としていたが、明治六年（一八七三）になって征韓論をめぐって政府内部が分裂したこともあって、七年には朝命で東京守護の邏卒《らそつ》（巡査）を会津藩士に求めた。官兵衛は、老母と静かに人生を送るか、会津戦争の汚名をここでそそぐか逡巡《しゅんじゅん》したが、ついに応募し、大警部に抜擢されている。

村の古老が知るのは、その程度のことだった。以来、三浦さんは、しばしば中市を訪ね、次の六十九人が一時、ここに住んだことも確認した。

柏村久太郎、箇井一学、吉田豊助、大関恵助、遠藤房之助、鈴木伝内母ゆう、須田新九郎、氏家代助、吉田勝吾、城取新九郎、中村又七郎、杉浦藤左ェ門、平田民之助、岡村重助、山田貢母千代、矢村清記、並河亭、増子庄吾、市岡守衛、君嶋旧伍、佐川官兵衛、永坂源六、鈴木新治、堀常太郎、小笠原小吉、矢嶋義人、佐藤常太郎、下條求馬、藤沢茂助、小沢誠助、加藤平右ェ門、西川藤四郎、仁科源次郎、赤塚忠左ェ門、山本秀太郎亡母円照院、増沢豊助、小林為助、大竹渡助、毛木房吉、西村継之助、西村徳之助、二瓶幸太郎、狩野丑彦、神田豊治、河野喜次右ェ門、草刈定蔵、高畑作右ェ門、高嶋定之助、中川喜代八、佐藤浦之進、斎藤幸之助、物江勝江、佐々木清吾、坂内八三郎、尾崎太喜治、林繁、大竹万之助、大塚市松、竹内佐七、渡辺源六、山本米太郎、山村常之丞、藤田鶴太郎、石原八助、小林伝治、長谷川四郎、荒川市郎、幾馬亡後家庄司せん、武左衛門亡後家柴田かん

この人々が、その後、どうなったかはまったくわからない。会津人はいたるところで斗南

から消えており、残った人はごくわずかにすぎない。この間に亡くなった人の墓石は散見されるが、多くは朽ち果て、遺族が訪ねてくることもなく、近い将来、墓石はとりかたづけられる運命にある。

林八十治の家族

白虎隊員として飯盛山で自決した林《はやし》八十治《やそじ》の家族も五戸に来ていた。父林忠蔵は文政十年（一八二七）六月八日生まれ。博識で多才な士として知られ、藩校日新館の素読所に勤務した後、抜擢されて用所密事役を務めた人物だった。戦乱が始まると、陣将一《いち》ノ瀬要人《せかなめ》に従って越後方面に出陣した。

子どもは長男八十治、二男茂樹、三男興子《よし》、四男梧楼の四人がいた。長男八十治は十歳で日新館に入学した。十一歳のときすでに四書五経の素読を終え、慶応四年（一八六八）三月、白虎士中二番隊に編入、旧幕府歩兵差図役頭取、畠山五郎七郎に教練を受けた。

敵が刻々、会津国境に迫り、白虎士中二番隊に出陣命令が下り、八十治は家族に別れの挨《あい》拶《さつ》をした。そのとき、祖母のいし子が、「万事、油断のなきよう心得、大事に御奉公するのですよ」と戒めると、「ありがとうございます。これまでの家庭の教訓はよく覚えて忘れません。さらに祖母上様から今このようなおさとしを頂き、大節の時がきましたなら、身命を捧《ささ》げて君公のために働きます」と告げ、隊頭の日向内記《ひなたないき》に従って滝沢村に向かい、八月二十三日に戸《と》ノ口原《くちはら》で激戦のあと、負傷し力つきて飯盛山に後退した。ここで鶴ヶ城に向かって拝礼し、自刃した。このとき十六歳であった。

父忠蔵が八戸に近い浜市川《はまいちかわ》に住みついたのは明治五年（一八七二）のことで、ここで寺子屋を開き、下市川小学校が開校される八年十月二十九日まで地域の子どもたちに学問を教えた。周辺の会津人は、次々にここを離れたが忠蔵は五戸で生きる覚悟を固め、三人の息子に教育を施した。

子どもたちは皆、地元の有力者の娘と結婚し、三男興子は市川村の大地主三浦儀助の三女とみと結婚した。興子は二十歳の若さで切谷内《きりやない》小学校の四代校長を務め、十八年二月まで在職した。その後、上市川小学校長に就任、明治二十六年には大久保熊太郎村長の後任として上市川村の三代村長に就任した。しかし、たった五ヵ月の在任で、現職のまま急死した。

斗南に残った会津人は、小学校が開設されると多くが教員に採用され、生活のメドが立ち、社会的地位も確立した。子弟は学費のかからない青森師範学校に進み、興子の長男健も青森師範卒業後は、多賀《たが》小、剣吉《けんよし》小、五戸小の各校長を務めたあと、昭和十七年（一九四二）から市川村産業組合長、農業組合長、そして、十八年には十五代市川村長になっている。地元と溶け込んだ林一家の生きざまだった。

十和田市の招魂碑

三浦さんのところに会津史談会長秋月一江《あきづきかずえ》さんから「大伯父（秋月悌次郎）の文撰による招魂碑が三本木村にあるという話であるが、今でも残っているだろうか」という便りがあったのは、昭和五十七年（一九八二）秋のことだった。

渋柿に赤みがさすころ、三浦さんは十和田市三本木を訪れ、四丁目正面から西方へ三百メートルにある澄月寺《ちょうげつじ》を訪ねた。盛岡報恩寺《ほうおんじ》の末寺で、慶応元年（一八六五）にまつられた十六羅漢像のある山門は立派で、ひときわ目を引くものだった。

山門をくぐると、左手に聖観音菩薩《ぼさつ》、右手やや北側には戊辰戦争戦死者招魂碑があった。案内板には明治二十三年（一八九〇）七月、当地の会津人が皆に呼びかけて建てたもので、昭和四十二年九月二十二日に台座や石段を造ったと書いてあった。

招魂碑の碑文は次のようなものだった。

陸奥国上北郡三本木村招魂碑陰記

我が会津藩の戊辰之役、伏見鳥羽に開端し、尋《つ》いで下野《しもつけ》、越後及び白河等の各地に戦い、終《つい》に孤城に嬰《まも》りて抗戦連日、前後戦歿者殆んど三千人。父独りとなり、子孤《みなしご》となり、其惨状言うべからず。蓋《けだし》、亦其主已《のみ》。先に是藩主松平容保公は京都守護職となるや、孝明天皇が近衛忠煕《このえただひろ》に書を賜いて曰く。会藩の勇威に朕《ちん》之に頼り、将《まさ》に其の力を藉《か》らんとす。乱平げて後、長門の奥平謙輔書を贈って曰く、貴国は大いに海内に造《つく》す有り、独り幕府の為に節を致すのみならず、弊邑《へいゆう》も亦其の賜を受けん。土佐の岩崎惟慊も亦曰く、京畿以東兵力の強は貴藩の右に出ずる者は誰ぞ。

其先帝の依頼する所と為り、諸藩の称揚する所となる此の如者なり。

蓋戦歿諸士も与《とも》に力有り。世子容大公斗南に再封せらるるに及び、諸士多く従う。今茲に庚寅《こういん》（明治二十三年）の第二十三回忌辰に値《あた》り、胥《あい》謀り、碑を上北郡三本木村澄月寺に建て、以って祭る。旧藩老山川浩其面に題し、胤永《かずひさ》其陰に記す。

嗚呼諸士玉砕し、而して其名此石とともに朽《くち》ず、余輩瓦《かわら》として全くす。今に至って而して一事も成る能わず。諸士に多く媿《は》ず。

明治二十三年七月、正七位秋月胤永撰、門人佐藤劉二書

この碑に、松平容保は次の歌を贈っていた。

戊辰戦、今もなほしたふ心はかはらねど、死者二十三、はたとせあまり世はすぎにけ

り

昭和四十二年九月二十二日遷座完成

松平容保

会津会

複雑な思い

三浦さんは、武士の時代は終わったのかと感じさせる出来事にも遭遇した。会津戦争のさなかに起こった農民の反乱である。

平成十七年（二〇〇五）の五月のことである。先祖のルーツを訪ねて五戸に見えた旧会津藩士の子孫山際《やまぎわ》永三さんを案内して、新郷村戸来の長泉寺《ちょうせんじ》、同村西越田中の墓地などを見て回った。しばらくして、戸来で過ごした母方の祖母山際春《はる》さんの回想録が送られてきた。実にさまざまなことが書かれていて驚いた。

その一つは、会津領内の農民たちが一部暴徒化して会津藩士の家族を襲ったことだった。

この手記の主人公山際春は、江戸留守居役神尾鉄之丞の娘で、家族は江戸住まいだった。藩士の家族は帰国することになり、母親と姉の栄と三人で、会津に帰った。春は八歳だった。敵が城下に攻め寄せ、母と二人の娘は鶴ヶ城に避難することになった。母が、「お前たちが先に行きなさい、母は跡かたづけがあります」といって残った。これが、つまずきのもとだった。春は姉と二人で城に向かった。

ところが城門が閉まっていてなかに入れない。二人は、締め出された人々について当てもなく歩くしかなかった。そのとき、運よく仲間《ちゅうげん》の治郎兵衛にばったり出会った。地獄に仏である。治郎兵衛の家に避難することになったが、川を渡ってはるか遠方なので、子どもの足ではとても歩けない。

途中で一泊しなければならない。そこで治郎兵衛が農家を訪ね、泊めてくれるよう頼んだが断られた。次もその次も断られた。その夜はなんとか一軒の農家の納屋を借り、死んだように眠った。

翌朝、この家の情けで朝食を食べさせてもらい、郊外の川にさしかかると、農民たちが手に手に竹やりや刀を持って通さないという。治郎兵衛が、舟を探しにそこを離れると、百姓たちは、二人を取り囲んで、近くの納屋に監禁した。

家を出るとき、母が渡してくれた金包のあることを悟って、それを奪うためだった。治郎兵衛が必死で二人を探して助け出し、川を渡って治郎兵衛の家にたどり着くことができた。治郎兵衛の妻が涙を流し喜んでくれ、治郎兵衛と妻は畳の上で寝て二人に布団を貸してくれた。

四、五日後、乞食のようにボロボロになった母が二人を訪ねてやってきた。親子三人、抱き合って泣いた。

父の行方は依然、わからなかったが、戦争が終わって斗南に行くことになった。そこで親子三人、五戸の戸来に住んだのだった。一年後、父から頼りがあった。父は北海道開拓使で働いていた。親子三人、青森まで歩いて行き、船で函館に渡った。二年ぶりの親子の再会だった。親子四人、ただただ泣きじゃくるだけだった。

父は開拓使の役人をしていたので、二人は開拓使の学校で勉強することになった。学校は東京にあり、二人は東京に向かい、国語、漢文、地理、歴史、英語を勉強し、料理、裁縫なども学んだ。

国際的に通用する男女の育成のために開かれた学校だった。その後北海道に戻り、男子は札幌農学校に編入され、女子は卒業となった。

二人はともに北海道で結婚した。春の夫山際永吾は農商務省の役人だった。山際は晩年、入山採炭会社の取締役炭鉱所長を務め、幸せな日々を過ごした。

三浦さんは、この回想録を読み、改めて戦争に翻弄《ほんろう》されつづけた家族の悲しみを思い、いたずらに会津戦争を賛美するのは誤りではないかと痛感した。

人は勝敗を度外視して薩長と戦った会津藩士の義の精神を褒めたたえ、女子も戦った籠城戦を強調したが、本当にそれでいいのか、と疑問を抱いた。

墓地めぐり

三浦さんはその後も会津人の墓があると聞けば、どこにでも出かけた。

南部バス金ケ沢《かねがさわ》停留場の前に曹洞宗長泉寺がある。そこに会津藩士赤沼弥一郎一家の墓があるというので出かけた。二十段の石段を登ると、仁王像二体のある門が現れる。明応《めいおう》五年(一四九六)の建立というから五百年以上の歴史を持つ古刹《こさつ》だ。門をくぐると左には力士記念碑や鐘楼堂、正面には昭和三十六年(一九六一)落慶の総ケヤキの本堂などが並んでいる。

本堂の裏に回ると墓地になっている。墓地は窪地にずらりと並び、その中央に会津藩士赤沼弥一郎、息子三郎、由郷の墓標、それに弥一郎妻つねの弟広瀬常之助の墓石もあった。

一家は明治三年(一八七〇)十一月五戸に到着、その後、青森に転居したが、二男三郎が弘前医学専門学校に進み、医者になり、五戸の戸来村で医院を開いたことを突き止めた。その関係で赤沼家の墓は、戸来村に移転したこともわかった。

寺の過去帳から、八十人の会津人が、戸来村に住んだこともわかった。

三浦さんが集めた膨大な記録は、胸を打つものが多い。高齢にもかかわらず、今も探索を続ける三浦さんに頭が下がる思いである。

五戸の寺院には、会津人の墓地がいくつもあり、大半は訪れる人もいない無縁仏で、墓石の風化も進み、どこの誰かわからなくなっているのだった。私は、斗南の会津人の惨憺たる日々に愕然《がくぜん》とし、苔《こけ》むした墓石から旧会津藩士の悲痛な声が聞こえてきて、ただただ手を合わせるしかなかった。

栄光の会津藩は京都守護職の時代のことである。会津戦争、斗南移住時の会津人は、惨憺たる日々の連続であり、戦争を避ける選択はなかったのか、その思いを深くする。

あとがき

私は、この三十年の間に『斗南に生きた会津藩の人々』、『下北の大地』、『敗者の維新史』『会津藩斗南へ』、『会津藩流罪』などを執筆してきたが、それらを再整理し、その後の取材を加え執筆したのが、この本である。

斗南藩をひと言で表現することはきわめて難しい。虐げられた日々と戦い、明治の社会に羽ばたいた人も多く輩出したが、半面、苦難のなかで、命を落としていった人がいかに多かったかを痛感せざるをえない。

司馬遼太郎《しばりょうたろう》は『街道をゆく』の「北のまほろば」で、斗南藩を次のように論じている。

戊辰（一八六八）、薩摩と長州が新政府をつくって、世を動かす側に立った。
一場の劇とすれば、会津藩は旧勢力とともにほろびるほうの役まわりになった。
末路において悲劇的だった。
籠城をし、開城をし、わずか三万石に減らされて、青森県下北半島にうつされたことはすでにふれた。

なおも生きようとしたけなげさは、

「斗南」

という藩名に変えたことでもうかがえる。″これより北はない″という語感が言外にあって、しかも希望にあふれている。新藩の成立は明治三年（一八七〇）五月のことである。

ただし翌年七月、廃藩置県がおこなわれたから、斗南藩の藩名が存在したのは、一年とすこしにすぎない。もっとも、この地で生きる旧藩士たちの営みはつづいたが。

そして司馬は斗南藩を率いた広沢安任、永岡久茂、山川浩の名をあげ、見事なものだったと褒めた。そして希望にあふれていると語ったが、本当にそうだったのだろうか。私には疑問だらけの斗南藩だった。

戊辰戦争は、会津城の落城で終わったはずだった。蝦夷地や斗南への移住なしで戦後処理をできなかったのか。その疑念が消えないからである。

鳥羽伏見の戦いの後、会津は何度も恭順の意を表明したが、無視され続け、ついに婦女子も含め戊辰戦争に突入、矢折れ刀尽きてついに落城、無念の涙を呑まざるをえなかった。

下北の地が、敗れた会津藩に耐えられないものであることは、南部藩からの情報で、岩倉具視、木戸孝允、西郷隆盛、大久保利通らも知っていたに違いなかった。
それを承知で挙藩流罪を決めたことは、明治政府の犯罪行為といえるものだった。会津厳罪を言い続けた木戸孝允の罪は大きいといわねばならない。

二〇一六年、私は北海道新幹線で函館まで行き、函館港からフェリーで下北半島の大間に向かうコースで取材を行った。大間で一泊し、会津斗南藩資料館に立ち寄って、前斗南会津会会長の木村重忠さんにお会いし、バスで田名部に向かい、むつ市役所の御厚意で、斗南藩について講演会を開催した。まだ三十代と若い宮下宗一郎市長にもお目にかかる機会もあった。夜は、斗南藩関係者との懇談があった。

むつ商工会議所の其田桂会頭、下北観光協会連合会の菊池健治会長はじめ、斗南會津会の山本源八会長、小島一典、太田巳代次副会長、嶋影正明、大槻英喜理事、海老名信行監事、坂部啓二事務局長、顧問の小町屋侑三氏らと遅くまで懇談し、大変、有意義だった。翌日は三沢市で途中下車し、広沢牧場の跡を見て回った。

最後に明治維新百五十年について私見を述べておきたい。
二〇一八年の明治百五十年にあたっては鹿児島、山口、佐賀、高知の四県は多彩なイベントをスタートさせた。そもそも明治維新百五十年の行事は安倍総理の呼びかけで、平成の薩長土肥連盟が誕生したことに始まる。安倍総理は日本の近代化に薩摩、長州、土佐、佐賀の四藩が大きく貢献したとして、鹿児島、山口、高知、佐賀の四県知事に積極的な顕彰を求めた。

これに対して、薩長土肥と戊辰戦争で戦った越後や奥羽の人々には、明治維新というよりは戊辰戦争百五十年というとらえ方をする人が圧倒的に多い。ことに戊辰戦争で最大の攻防戦を演じた会津の人々にとっては、明治維新ではなく戊辰戦争百五十年である。

攻め込んだ明治新政府軍はいたるところで略奪暴行を繰り広げ、「敵は官軍にあらず、姦賊である」と会津の猛将佐川官兵衛は恭順を拒んだ。そのしこりは今日もなお強く残っており、薩長土肥と同じテーブルで、論じ合うことを拒む気風も存在する。

それに拍車をかけたのが、斗南藩への移封だった。生活もおぼつかない旧南部藩の地に強制移住させられた旧斗南藩の末裔と、薩長土肥の関係者が一堂に会して、明治維新百五十年を論じることはまずありえないに違いない。明治維新百五十年で、双方が和解すると考えるほど歴史認識は甘くはない。

ここで明確になったことは、意識の上で日本列島が東西二つで分断されていることである。明治維新百五十年にせよ戊辰戦争百五十年にせよ、列島分断の行事が進行している。政治家たちはこの問題に関してあまりにも鈍感である。明治新政府の東北蔑視策が歴然としているにもかかわらず、それも訂正する動きがない。

会津藩を抱える福島県では、『福島民報』『福島民友新聞』ともに特集を組み、連日、戊辰戦争に関するニュースを提供している。

『福島民報』は山口、鹿児島、高知などに記者を派遣、勝者とされるこれらの地域の歴史関係者の史観を紹介、東西融和の接点を模索した。

『福島民友新聞』は、「維新再考」と題し、薩長史観ではなく新たな視点で明治維新に迫り、各界の有識者を登壇させ、大型連載を進めている。私も「斗南藩」で登場させていただいた。

会津には「長州と仲良くはするが、仲直りはしない」という格言があり、本格的な融和はきわめて困難であろう。

会津人は藩主松平容保が京都守護職時代、テロ行動を繰り返し、京都を騒乱に陥れた長州藩に対し、強い敵意を抱いており、加えて鳥羽伏見戦争後、恭順の意を表したにもかかわらず、松平容保の斬首を要求して、会津に攻め込んだ長州の木戸孝允、薩摩の西郷隆盛らは断じて許し難いと強く叫んできた。

昨今、高知県立坂本龍馬記念館は、長州の木戸孝允、当時の桂小五郎が、坂本龍馬にあてた手紙を公表した。そこには討幕全体を能の「大舞台」、大政奉還を「狂言」になぞらえ、土佐藩の決意を促していた。

今回、会津若松市戊辰百五十年記念事業実行委員会は、「大義」「忠義」「信義」「道義」の四つの視点で、会津藩の正義を強調するドキュメンタリー番組「AIZU―目覚めよ義の心」を制作、BS局で放送している。ただし戦争をすべて義でくくることには無理がある。集落を焼き払う放火作戦は薩長に限らず、会津藩兵も各地でおこなった。

私は、戦争を賛美することはしないが、総じて会津藩はよく戦った。しかし結果は最悪だった。斗南での苦労は筆舌に尽くしがたいものがあり、無駄な戦争だったと責任を追及する声も上がった。

歴史は、両面からの考察が大事である。

かくなるうえは、奥羽越諸藩の関係者と薩長土肥の関係者が真っ向からぶつかり討論することが必要ではなかろうか。そこから未来の展望が開けてくるのではないかと思うこのごろである。

会津にも西郷や木戸と話し合える人材が欲しかった。また、農民の声を藩政に取り入れる政治家も必要だった。白虎隊の少年たちに、生きることの大事さを教えることも大事だった。

斗南の会津人に光が差したのは、憎む木戸孝允や岩倉具視、西郷隆盛らが進めた廃藩置県によってであった。移動の自由が保障され、職業の選択も自由になったからである。

明治時代、実権を握った薩長の志士たちは、日本の近代国家の形成に貢献した部分もあった。

私は、会津の心がより深みのある哲学に昇華してゆくことを念じ、義一辺倒の哲学にはあえて疑義を挟まざるをえないことも申し添えておきたい。

平成三十年初夏

星　亮一

1982－2017
宮崎十三八編『会津戊辰戦争史料集』新人物往来社、1991
宮崎道生『青森県の歴史』山川出版社、1970
むつ市史編さん委員会編『むつ市史　近代編（明治・大正時代）』むつ市、1986
余市町教育研究所編『余市郷土史　第2巻　余市農業発達史』余市町教育研究所、1968
若松市役所『若松市史　下巻』若松市役所、1942

平凡社、1974
長野坂和一『斗南藩の人　小林寿郎翁遺稿』斗南藩の人小林寿郎翁遺稿明治中期の上北郡の一側面刊行委員会、1985
新潟市『新潟開港百年史』新潟市、1969
日本史籍協会編「松平容保公伝」『会津藩庁記録１』（日本史籍協会叢書１）東京大学出版会、1982
根室・千島歴史人名事典編集委員編『根室・千島歴史人名事典』根室・千島歴史人名事典刊行会、2002
野辺地町史編さん刊行委員会編『野辺地町史　通説編第二巻』野辺地町、1997
長谷誠一ほか著『下北文化史　風土の刻印ヤマセ（北東風）社会』東奥日報社、1983
平石弁蔵『会津戊辰戦争』マツノ書店、2012
広沢安宅『幕末会津志士伝稿本』広沢安宅、1923
広沢安任「開牧五年紀事」新編青森県叢書刊行会編『新編青森県叢書　第２巻』歴史図書社、1973
古川古松軒「東遊雑記」『日本紀行文集成　第１巻』日本図書センター、1979
星亮一『斗南に生きた会津藩の人々』歴史春秋社、1983
星亮一『下北の大地』教育書籍、1989
星亮一『敗者の維新史』中公新書、1990
星亮一『会津藩斗南へ』三修社、2006
星亮一『会津藩流罪』批評社、2012
北海道拓殖部編『北海道移民史』北海道拓殖部、1934
松本健一『犢を逐いて青山に入る』ベネッセコーポレーション、1997
三浦榮一『流れる五戸川』上・続１～25、その後中・下、

跡」『根室市博物館開設準備室紀要』第７号、1993
河原勝治「旧会津藩士に高等海員多かりし理由及逸話」『会津会雑誌』38号、1931
菅野恒雄「東京で生まれ育ち教鞭を執った梶原平馬二度目の妻貞子の事跡」『根室市博物館開設準備室紀要』第10号、1966
北原雅長『七年史』東京大学出版会、1978
河野常吉編著『北海道史人名字彙』北海道出版企画センター、1979
琴似屯田百年史編纂委員会編『琴似屯田百年史』琴似屯田百年記念事業期成会、1974
小林秀雄「北移日誌」『会津会会報』77号、1970

佐井村編『佐井村誌　下巻』佐井村役場、1972
笹沢魯羊『下北半嶋史』名著出版、1978
札幌市教育委員会編『新札幌市史　第二巻（通史二）』札幌市、1991
アーネスト・サトウ著、坂田精一訳『一外交官の見た明治維新』上・下、岩波書店、1960
柴五郎著、石光真人編著『ある明治人の記録――会津人柴五郎の遺書』中公新書、1971
柴四朗編『牧老人広沢先生小伝』柴四朗、1891
司馬遼太郎『街道をゆく33　奥州白河・会津のみち、赤坂散歩』朝日新聞社、1989
上越市史編さん委員会編『上越市史』普及版、上越市、1991
多田好問編『岩倉公実記』書肆沢井、1995
橘南谿著、宗政五十緒校注『東西遊記』１・２（東洋文庫）、

参考文献

相田泰三「維新史雑感（一）」『会津会会報』77号、1970
相田泰三編『維新前後の会津の人々』会津士魂会、1967
会津郷土資料研究所『會津藩士人名録　慶應年間』勉強堂書店、1992
会津戊辰戦史編纂会編『会津戊辰戦史』会津戊辰戦史編纂会、1933
青森県文化財保護協会『青森県歴史　第2巻』青森県文化財保護協会、1968
青森県編『青森県史　第6巻』歴史図書社、1971
青森県編『青森県史　第8巻』歴史図書社、1971
池内儀八『会津史』上・下、史誌出版社、1927－1928
猪股恒三「屯田兵秘録」『会津史談』52号、1979
岩手県『岩手県史　第6巻』杜陵印刷、1962
ウィリアム・ウィリス「英人医師の会津戦争従軍記」ローレンス・オリファント、ウィリアム・ウィリス著、中須賀哲朗訳『英国公使館員の維新戦争見聞記』校倉書房、1974
江渡狄嶺『或る百姓の家』総文館、1922
大久保利通『大久保利通文書　第2巻』マツノ書店、2005
大鳥圭介「南柯紀行」『南柯紀行　北国戦争概略衝鉾隊之記』新人物往来社、1998
葛西富夫『斗南藩史』斗南会津会、1971
片柳庵主「会津雑記」『会津』10月号、1937
勝海舟著、江藤淳、松浦玲編『氷川清話』講談社、2000
川上淳、本田克代「私立根室女子小学校校長〔水野貞〕事

星 亮一（ほし・りょういち）

1935年，仙台市生まれ．1959年，東北大学文学部国史学科卒業．2002年，日本大学大学院総合社会情報研究科修士課程修了．福島民報記者（県政キャップ），福島中央テレビ報道制作局長等を経て現在，歴史作家．日本国際情報学会会員．戊辰戦争研究会を主宰．『奥羽越列藩同盟』で福島民報出版文化賞，新選組の研究とテレビ出演でNHK東北ふるさと賞，『国境の島・対馬のいま』（現代書館）で日本国際情報学会功労賞受賞．福島の原発問題と地域再生についても雑誌その他に寄稿している．

著書『奥羽越列藩同盟』『幕末の会津藩』『会津落城』（以上，中公新書），『最後の幕臣小栗上野介』（中公文庫），『呪われた明治維新』『京都大戦争』『明治維新血の最前戦』『伊達政宗』（以上，さくら舎），『偽りの明治維新』（だいわ文庫），『東北を置き去りにした明治維新』（文芸社），『明治維新というクーデター』『脱フクシマ論』（イースト・プレス）など多数．

斗南藩《となみはん》
―「朝敵《ちょうてき》」会津藩士《あいづはんし》たちの苦難《くなん》と再起《さいき》
中公新書 *2498*

2018年7月25日初版
2019年3月5日5版

著　者　星　亮一
発行者　松田陽三

本文印刷　三晃印刷
カバー印刷　大熊整美堂
製　本　小泉製本

発行所　中央公論新社
〒100-8152
東京都千代田区大手町 1-7-1
電話　販売 03-5299-1730
　　　編集 03-5299-1830
URL http://www.chuko.co.jp/

Published by CHUOKORON-SHINSHA, INC.
Printed in Japan　ISBN978-4-12-102498-5 C1221

中公新書刊行のことば

いまからちょうど五世紀まえ、グーテンベルクが近代印刷術を発明したとき、書物の大量生産は潜在的可能性を獲得し、いまからちょうど一世紀まえ、世界のおもな文明国で義務教育制度が採用されたとき、書物の大量需要の潜在性が形成された。この二つの潜在性がはげしく現実化したのが現代である。

いまや、書物によって視野を拡大し、変りゆく世界に豊かに対応しようとする強い要求を私たちは抑えることができない。この要求にこたえる義務を、今日の書物は背負っている。だが、その義務は、たんに専門的知識の通俗化をはかることによって果たされるものでもなく、通俗的好奇心にうったえて、いたずらに発行部数の巨大さを誇ることによって果たされるものでもない。現代を真摯に生きようとする読者に、真に知るに価いする知識だけを選びだして提供すること、これが中公新書の最大の目標である。

私たちは、知識として錯覚しているものによってしばしば動かされ、裏切られる。私たちは、作為によってあたえられた知識のうえに生きることがあまりに多く、ゆるぎない事実を通して思索することがあまりにすくない。中公新書が、その一貫した特色として自らに課すものは、この事実のみの持つ無条件の説得力を発揮させることである。現代にあらたな意味を投げかけるべく待機している過去の歴史的事実もまた、中公新書によって数多く発掘されるであろう。

中公新書は、現代を自らの眼で見つめようとする、逞しい知的な読者の活力となることを欲している。

一九六二年一一月

宗教・倫理

中公新書

日本史

d1

- 2189 歴史の愉しみ方　磯田道史
- 2455 日本史の内幕　磯田道史
- 2295 天災から日本史を読みなおす　磯田道史
- 2389 通貨の日本史　高木久史
- 2321 道路の日本史　武部健一
- 2494 温泉の日本史　石川理夫
- 2299 日本史の森をゆく　東京大学史料編纂所編
- 2500 日本史の論点　中公新書編集部編
- 1617 歴代天皇総覧　笠原英彦
- 2302 日本人にとって聖なるものとは何か　上野　誠
- 1928 物語 京都の歴史　脇田　修・脇田晴子
- 2345 京都の神社と祭り　本多健一
- 482 倭　国　岡田英弘
- 147 騎馬民族国家（改版）　江上波夫
- 2164 魏志倭人伝の謎を解く　渡邉義浩

- 1085 古代朝鮮と倭族　鳥越憲三郎
- 2470 倭の五王　河内春人
- 2462 大嘗祭―天皇制と日本文化の源流　工藤　隆
- 1878 古事記の起源　工藤　隆
- 2157 古事記誕生　工藤　隆
- 2095 『古事記』神話の謎を解く　西條　勉
- 804 蝦夷《えみし》　高橋　崇
- 1041 蝦夷《えみし》の末裔　高橋　崇
- 1622 奥州藤原氏　高橋　崇
- 1293 壬申の乱　遠山美都男
- 1568 天皇誕生　遠山美都男
- 1779 伊勢神宮―東アジアのアマテラス　千田　稔
- 2371 カラー版 古代飛鳥を歩く　千田　稔
- 2168 飛鳥の木簡―古代史の新たな解明　市　大樹
- 2353 蘇我氏―古代豪族の興亡　倉本一宏
- 2464 藤原氏―権力中枢の一族　倉本一宏
- 291 神々の体系　上山春平

- 2362 六国史《りっこくし》―日本書紀に始まる古代の「正史」　遠藤慶太
- 1502 日本書紀の謎を解く　森　博達
- 1802 古代出雲への旅　関　和彦
- 2457 光明皇后　瀧浪貞子
- 1967 正倉院　杉本一樹
- 2054 正倉院文書の世界　丸山裕美子
- 2452 斎宮―伊勢斎王たちの生きた古代史　榎村寛之
- 2441 大伴家持　藤井一二
- 1240 平安朝の女と男　服藤早苗
- 2510 公卿会議―論戦する宮廷貴族たち　美川　圭
- 1867 院　政　美川　圭
- 2281 怨霊とは何か　山田雄司
- 2127 河内源氏　元木泰雄

中公新書

日本史

d3

- 476 江戸時代　大石慎三郎
- 870 江戸時代を考える　辻　達也
- 2273 江戸幕府と儒学者　揖斐　高
- 1227 保科正之《ほしなまさゆき》　中村彰彦
- 740 元禄御畳奉行の日記　神坂次郎
- 1945 江戸城―本丸御殿と幕府政治　深井雅海
- 1099 江戸文化評判記　中野三敏
- 853 遊女の文化史　佐伯順子
- 929 江戸の料理史　原田信男
- 2376 江戸の災害史　倉地克直
- 2380 ペリー来航　西川武臣
- 1621 吉田松陰　田中　彰
- 2291 吉田松陰とその家族　一坂太郎
- 2047 オランダ風説書　松方冬子
- 2297 勝海舟と幕末外交　上垣外憲一

- 1619 幕末の会津藩　星　亮一
- 1958 幕末維新と佐賀藩　毛利敏彦
- 2497 公家たちの幕末維新　刑部芳則
- 1754 幕末歴史散歩　東京篇　一坂太郎
- 1811 幕末歴史散歩　京阪神篇　一坂太郎
- 60 高杉晋作　奈良本辰也
- 69 坂本龍馬　池田敬正
- 1773 新選組　大石　学
- 2040 鳥羽伏見の戦い　野口武彦
- 455 戊辰戦争　佐々木克
- 1235 奥羽越列藩同盟　星　亮一
- 1728 会津落城　星　亮一
- 2498 斗南藩―「朝敵」会津藩士たちの苦難と再起　星　亮一
- 1033 王政復古　井上　勲

中公新書

日本史

中公新書

現代史

中公新書

現代史

中公新書

社会・生活